ERLEBNISREISEN
AUF NORD- UND OSTSEE

PEER SCHMIDT-WALTHER

ERLEBNISREISEN
AUF NORD- UND OSTSEE

UNTERWEGS MIT
FRACHTERN, FÄHREN, SEGLERN
UND HAUSBOOTEN

Koehlers Verlagsgesellschaft mbH

Ein Gesamtverzeichnis der lieferbaren Titel schicken wir Ihnen gerne zu.
Bitte senden Sie eine E-Mail mit Ihrer Adresse an:
vertrieb@koehler-books.de
Sie finden uns auch im Internet unter: www.koehler-books.de

Bibliografische Information der Deutschen Nationalbibliothek
Die Deutsche Nationalbibliothek verzeichnet diese Publikation in der Deutschen Nationalbibliografie; detaillierte bibliografische Daten sind im Internet über http://dnb.d-nb.de abrufbar.

ISBN 978-3-7822-0998-4

Die Umschlagbilder stammen von Peer Schmidt-Walther mit Ausnahme von:
Stockholm (fotolia), Schären (fotolia), Mühlenbarke (Eberhard Petzold)

Lektorat: Keren Bewersdorf
Layout: Inge Mellenthin
Produktionsmanagement: impress media GmbH, Mönchengladbach

Printed in Germany

INHALT

VORWORT

Seereisen »vor der Haustür« sind gefragter denn je – das ist allein schon daran abzulesen, dass immer mehr Kreuzfahrtschiffe Ost- und Nordseehäfen anlaufen. Das hat verschiedene Gründe. Aus der Sicht von Passagieren einen entscheidenden: Man braucht keine langen An- und Abreisen auf sich zu nehmen. Wer erst eine Nacht fliegen muss, benötigt Zeit, um sich zu regenerieren. Möglicherweise auch mit Zeit- und Klimaunterschieden. Das geht eindeutig zulasten erholsamer Urlaubstage.

Genau das ist der springende Punkt. An »unsere« Meere grenzen die unterschiedlichsten Länder. Ihre Geografie, Geschichte und Kultur näher kennenzulernen lohnt sich sehr. Wer das eine oder andere später vertiefen möchte, kann das ohne großen Aufwand. Europa ist zwar groß, aber für uns auch relativ problemlos und kostengünstig zu bereisen.

Das vorliegende Buch will und kann kein Reiseführer sein – dafür gibt es spezielle Literatur –, sondern Möglichkeiten aufzeigen: ob ganz in der Nähe oder in weiterer Entfernung. Möglichkeiten, die ich für Sie schon mal ausgekundschaftet habe. Da dürfte für jeden Geschmack etwas dabei sein. Zwischen schlicht und einfach bis hin zu luxuriös ist alles drin. Hausboote, Frachter, Fähren, Eisbrecher und Segelschiffe sind darunter, kleine und große, alte und neue. Wobei reine Hochsee-Kreuzfahrten bewusst ausgelassen wurden (dazu gibt es genügend Spezialliteratur). Kurioses und Wissenswertes gehört auch dazu, sozusagen als »Blick über die Suppenschüssel«, der manch einen vielleicht staunen lässt: eine »Marine-Kreuzfahrt« nach Russland, die Arbeit auf einem Lotsentender oder ein U-Boot-Tauchgang. Für zahlende Passagiere ausgeschlossen, aber dennoch im Zusammenhang mit Erlebnisreisen auf Nord- und Ostsee durchaus wissenswert und spannend.

Als Schifffahrts- und Reisejournalist macht es mir Freude, Ihnen das alles entsprechend »verpackt« zu schildern – und natürlich auch durch viele Fotos »appetitanregend« zu präsentieren.

Ich wünsche Ihnen
viel Spaß beim Anschauen,
Lesen und Nachmachen!

Ihr Peer Schmidt-Walther

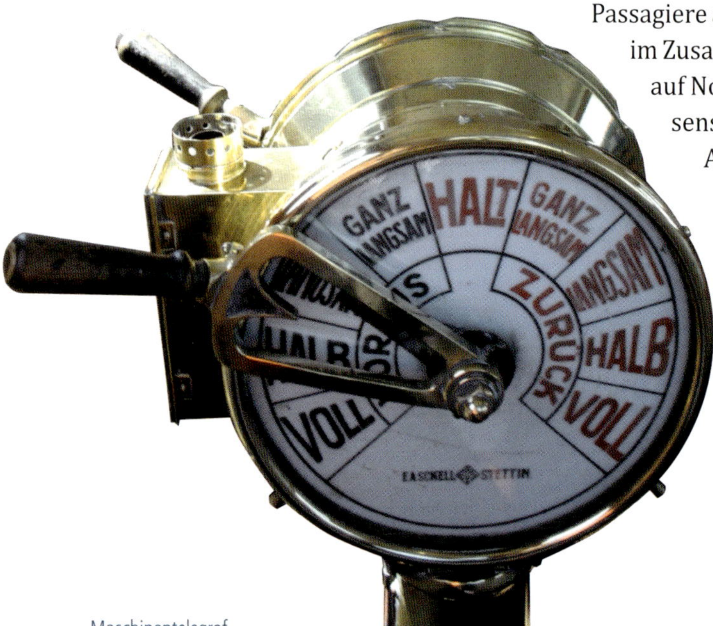

Maschinentelegraf

NORDSEE

Die Friesen waren an allem »schuld«: Auf sie geht der Name »Nordsee« zurück, die zuvor auch »Mare Frisicum« genannt wurde. Wobei auch mittelhochdeutsche Wurzeln eine Rolle spielten.

Letztendlich mischten Hanse-Nautiker und -Kaufleute bei der Namensgebung kräftig mit. Sie nannten das Meer im Osten ganz schlicht und einfach »Ostsee« und das im Norden »Nordsee«. Über den Gebrauch von Seekarten setzten sich die noch heute gültigen Namen schließlich durch.

Die Nordsee ist ein Randmeer des Atlantischen Ozeans, das sich als relativ flaches, nicht über 200 Meter tiefes – im Durchschnitt sind es 94 Meter – Schelfmeer trichterförmig ins Nordmeer öffnet. Unfassbare 54.000 Kubikmeter Wasser füllen ihr Becken, das auf eine Fläche von rund 575.000 Quadratkilometern kommt. Darin hätte Deutschland fast zweieinhalbmal Platz.

Als Begrenzung gilt im Norden die Linie Duncansby Head (Nordschottland) – Orkney-Inseln – Shetland-Inseln – Stadland (Norwegen, 62° 10′ N), im Südwesten die Straße von Dover. Im Osten rechnet man das Skagerrak zur Nordsee, während das Kattegat und die Beltsee als Übergangsgebiete zur Ostsee angesehen werden. Die Grenze zwischen Skagerrak und Kattegat verläuft auf der Linie Skagen (Norddänemark) – Marstrand (Westschweden).

Anliegerstaaten der Nordsee sind: Norwegen, Schweden, Dänemark, Deutschland, die Niederlande, Belgien, Frankreich und Großbritannien.

Themse, Schelde, Maas, Rhein, Ems, Weser und Elbe sind ihre wichtigsten Zuflüsse.

Die Nordsee hat eine bewegte Entstehungsgeschichte. Im Laufe der geologischen Entwicklung änderte sie mehrfach ihre Gestalt. Nach der Gebirgsbildung im Erdaltertum bildete sie in der mitteldeutschen Senke (sie verschob sich später nach Norden) wahrscheinlich ein flaches Meer, das über Schleswig-Holstein hinweg zeitweise Verbindung zur Ostsee hatte. Im Erdmittelalter, etwa in der Jurazeit vor 200 Millionen Jahren, hatte sie in etwa ihre heutige Lage. Die Verbindung zum offenen Ozean öffnete sich mal im Norden, Südwesten oder Süden. Durch ein Absinken des Landes im Norden wurde die heutige Verbindung zum Atlantik hergestellt. Da sich gleichzeitig im Süden das Land hob, lagen große Teile der heutigen Nordsee während der verschiedenen Vereisungsperioden trocken. Vor rund 8.000 Jahren sank das Land im Süden wieder, sodass es allmählich überflutet wurde. Dabei wird die Doggerbank noch einige Zeit als Insel bestanden haben. Manchmal ziehen heute noch Fischer mit ihren Netzen Hirschgeweihe oder verkohlte Balken ans Licht.

Touristisch und wirtschaftlich spielt die Nordsee heute ganz vorn mit. Zahlreiche Fährlinien überziehen sie mit einem dichten Netz: zwischen Frankreich, Belgien und Holland nach Großbritannien, von dort nach Deutschland, Dänemark, Norwegen und Schweden. Ihre Küsten sind vielgestaltig: von Sandstränden über Dünen, Marschland und Fjord-, Fjärd- und Steilküsten aus Fels- und Lockermaterial ist alles vertreten. Frachter pendeln unermüdlich hin und her, Hochseekreuzfahrtschiffe laufen attraktive Häfen wie London, Amsterdam oder Oslo an oder dringen über die norwegischen Fjorde tief ins Binnenland ein; genauso wie Flusskreuzfahrtschiffe die Flüsse und ihre Mündungshäfen bis hinein ins Wattenmeer (Niederlande) nutzen. Nicht umsonst gilt die Nordsee als eine der am meisten befahrenen Schifffahrtsregionen der Welt. Auch und gerade deshalb als Europas Weg zu den Weltmeeren.

Die nord- und ostfriesischen Inselketten zwischen Texel, Helgoland und Sylt bieten eine Vielzahl von Erholungs- und Erkundungsmöglichkeiten, von denen Millionen Menschen ganzjährig profitieren. Mit zunehmender Tendenz.

»Hochsee-Autobahn« Nord-Ostsee-Kanal

Der Wunsch der Seefahrer, den oft sturmgepeitschten Weg um Dänemarks Nordspitze, das Kap Skagen, zu meiden, ist schon sehr alt. Darum reicht die Vorgeschichte des Kanals auch gut tausend Jahre zurück. In der Wikinger-Zeit wurde die Eider befahren. Mit zunehmenden Schiffsgrößen war auch das nicht mehr möglich. Bis 1784 der Schleswig-Holsteinische oder Alte-Eider-Kanal fertiggestellt wurde. Nach der Reichsgründung, als Kiel zum Marinestützpunkt der kaiserlichen Flotte avancierte, brauchte man eine schnelle und leistungsfähige Wasserverbindung für Kriegsschiffe zur Nordsee. Für den Bau musste eine eigene Behörde gegründet werden: Die »Kaiserliche-Kanal-Commission« mit Sitz in Kiel. Nach einer Reihe unterschiedlichster Trassenplanungen fiel die Entscheidung zugunsten der heutigen Linienführung. Von 1887 bis 1895 wurde die Zimbrische Halbinsel durchschnitten.

Am 3. Juni 1887 wurde mit großem öffentlichen Aufwand in Kiel-Holtenau die Grundsteinlegung des Kanals gefeiert. Kaiser Wilhelm I. war persönlich anwesend. 1888 war mit den Erdarbeiten begonnen worden. 80 Millionen Kubikmeter Boden mussten bewegt werden, und bis zu 8.000 Menschen waren von Brunsbüttel bis Holtenau beschäftigt. 90 Lokomotiven und 65 Dampfbagger waren im Einsatz.

Am 21. Juni 1895 legte Kaiser Wilhelm II. den Schlussstein in Holtenau. Zu Ehren seines Großvaters Wilhelm I. nannte er die Wasserstraße »Kaiser-Wilhelm-Kanal«. Damit war der Kanal eröffnet. Inzwischen ist der damals Kaiser-Wilhelm-Kanal getaufte Wasserweg 117 Jahre alt, genau 98,7 Kilometer lang mit einer Fahrrinnentiefe von durchschnittlich elf Metern.

Seeleute nennen ihn heute ganz repektlos nur den »Graben«. Im offiziellen Sprachgebrauch bekannt als Nord-Ostsee- oder schlicht Kiel-Kanal, heißt er in Kurzform nur NOK.

Rund 35.000 Schiffe passierten ihn 2011, so viel wie Panama und Suez zusammengenommen. Daher ist er auch der meistbefahrene Kanal der Welt, der den Weg um Skagen um rund 200 Seemeilen verkürzt sowie dadurch Zeit und Kosten spart.

ALTE LIEBE – WAS SONST?!

Traumhafter Nord-Ostsee-Törn mit dem »Weißen Schwan des Südatlantiks«

Passagiere, die am 25. Juni 2011 mit dem Zug nach Cuxhaven anreisten, hatten schlechte Karten. Der Streik der Privatbahn-Lokführer strapazierte ihre Geduld, verhalf aber dem Oldtimer Cap San Diego *zu einem unverhofften Fahrplansieg. Der Museumsfrachter machte nicht nur pünktlich am traditionsreichen Steubenhöft fest, sondern war auch schneller als die Bahn.*

Zu ihren besten Zeiten im Südamerika-Liniendienst der Reederei Hamburg-Süd lief sie sensationelle 20,3 Knoten. Halb so schnell dampft sie jetzt wieder einmal von der Überseebrücke elbabwärts. Mit an Bord 250 Gäste und 50 ehrenamtliche Crew-Mitglieder, denen die »Wiederentdeckung der Langsamkeit« wichtiger ist als hektische Schnelllebigkeit. Zwei Tage – mit Overnight in Rendsburg – waren veranschlagt für die Reise via Nord-Ostsee-Kanal nach Kiel. Jetzt sind die Gäste am Zug mit einem Törn durch Gegenwart und Vergangenheit.

Am 26. Juni um neun Uhr gibt Kapitän Rüdiger von Ancken unaufgeregt die Order »Klar vorn und achtern!«. »Denn«, so seine Devise, »nur in der Manöverruhe liegt die nautische Kraft«. Die Leinen klatschen ins brackige Flusswasser, ein Zittern durchläuft den stabilen Rumpf und die CAP SAN DIEGO nimmt in Schleichfahrt Kurs auf die Schleuse Brunsbüttel. Cuxhavens Wahrzeichen »Alte Liebe« bleibt achteraus, schwingt aber im übertragenen Sinne nach wie vor mit.

Infos

MS CAP SAN DIEGO:
Bauwerft: Deutsche Werft, Hamburg; Entwurf (gilt – auch ästhetisch gesehen – als Höhepunkt des konventionellen Baus von schnellen Stückgut- und Kühlfrachtern): Architekt Prof. Caesar Pinnau, Hamburg; Ablieferung: 27.3.1962; Bau-Nr.: 785; Reederei: Hamburg-Südamerikanische Dampfschifffahrtsgesellschaft; Schwesterschiffe: 5; in Dienst: bis 1982 für die Reederei Hamburg-Süd, dann Verkauf ins Ausland und unter zwei verschiedenen Namen (SAN DIEGO; SANGRIA) in Fahrt bis 1986.
Technische Daten: BRZ: 9.998,36; Verdrängung (Displacement): 17.470 tdw; Leerschiff-Gewicht: 6.700 t; Luken: 5; Länge: 159,4 m; Breite: 21,47 m; Tiefgang (max.): 8,46 m; Hauptmaschine: MAN 2-Takt-9-Zylinder-Dieselmotor; PS: 11.650; Geschwindigkeit (max.): 20,3 kn; Schwerölverbrauch: 40 t/Tag

Literatur-Tipp:
Kurt Flechsenhaar: CAP SAN DIEGO, Koehlers Verlagsgesellschaft, Hamburg, ISBN: 3-7822-0609-6 (nur noch via Internet, z.B. bei amazon, antiquarisch erhältlich; neues Buch ab Sept. 2011 im Junius-Verlag)

Als zum Beispiel ein rund zehnmal größeres Containerschiff an Backbord vorbei nach See zu rauscht. Meint einer der weißhaarigen Altmatrosen zu dem »neumodischen« Spektakel: »Die beste Zeit bei der Seefahrt hatten w i r !« Doch die mitreisenden Steuermannsschüler sehen das anders: »Das ist u n s e r e Zukunft!« Einer Meinung sind Jung und Alt jedoch darin, dass »ihr« 1961 auf der Deutschen Werft in Hamburg gebauter Dampfer »ästhetischer Höhepunkt des konventionellen Schiffbaus« sei. Nicht nur die markanten, schlanken Abgaspfosten erinnern an eine Hochseeyacht, auch der schlanke Rumpf mit dem hochgezogenen eleganten Steven.

Die kleine Bordkapelle spielt unermüdlich und weckt Sehnsüchte nach großer Fahrt und fernen Ländern. »Eine Frachterreise«, sinniert jemand an der Reling, »die möchte ich unbedingt mal unternehmen.« Bis 1986 ging das noch auf der CAP SAN DIEGO und ihren fünf Schwestern der legendären »Cap-San«-Klasse. Bis zu zwölf Passagiere konnten mit ihnen auf Reisen gehen und den Luxus vergangener Zeiten genießen. Noch heute lässt die original erhalten gebliebene Inneneinrichtung erahnen, wie man sich damals an Bord gefühlt haben musste.

Auf Hansewegen mit Hoffnungskoffer

Die Ausstellung »Ein Koffer voller Hoffnung« in Ladeluke 5 erinnert an weniger glanzvolle Zeiten, als Tausende von Menschen nach Übersee auswanderten, um ihr Glück auf der anderen Seite des Atlantiks zu wagen.

Luke 2 steht unter dem Motto: »CAP SAN DIEGO AUF HANSEWEGEN«. Dort, wo früher Felle und Chemikalien transportiert wurden, hängen jetzt Bilder an den Wänden. Für Hamburg ist der Maler Alexander von Agoston dabei, der überall an Bord mit seinem Skizzenblock unterwegs ist und pausenlos neue Motive sammelt. Karin Tauer aus Lübeck steuerte Skulpturen und Karikaturen bei, und für Wismar hat der Impressionist Joachim Rozal seine farbenfrohen Gemälde aufgehängt. Der Reiseplan ist darauf abgestimmt, denn im Anschluss an Kiel steuert der größte Museumsfrachter der Welt erstmals über die offene Ostsee und läuft Wismar an. CAP SAN DIEGO nimmt als größter Gast an den Feierlichkeiten zur 800-Jahr-Feier der Hansestadt teil.

In der Schleuse kann man eine Dreiviertelstunde in die Luken abtauchen, um sich die Werke anzusehen. Auch einen Film über die Glanzzeiten des Hamburger Hafens vor dem Zweiten Weltkrieg.

Sogar noch Zeit für einen Imbiss in Luke 4 bleibt. Ihr Deckel ist aufgeschoben, sodass man sich am Tafelspitz- und Spätzle-Büfett »open air« unter blauem Himmel delektieren kann.

Satte Typhon-Symphonie

Doch dann endlich beginnt der Höhepunkt der Reise: die Fahrt durch den Nord-Ostsee-Kanal. Dazu ein sommerliches Sonnen-Sonntags-Wetter wie im Bilderbuch, gut gelaunte Menschen an Bord und an Land. Pausenlos wird hin- und herübergewinkt, und Kapitän von Ancken lässt keine Gelegenheit aus, um an Fähren, Menschenansammlungen, Dörfern,

Caravan-Plätzen und unter Brücken das gewaltige Typhon losdröhnen zu lassen. Sein satter Vibratoklang gilt als schönster unter den CSD-Fans, »so was wie die Hamburger Philharmonie auf dem Wasser«, formuliert es jemand geradezu lyrisch, dem sich »jedes Mal die Nackenhaare« aufstellen. CSD ist mindestens ein paar Kilometer weit zu hören und lockt unwiderstehlich die Menschen an. Passierende Frachter grüßen respektvoll die 50-jährige schneeweiße Schiffsdame und verdoppeln damit die Länge der Typhon-Symphonie. Nicht einmal die NORWEGIAN DREAM, größtes Kreuzfahrtschiff, das je den NOK befahren hat, könnte mit der Beliebtheit der CSD mithalten, wie die schöne Hamburgerin kurz, aber liebevoll von ihren »Lovern« genannt wird. »Das hier ist doch viel attraktiver als eine Kreuzfahrt«, ist immer wieder zu hören, »denn unsere Yacht hat noch Charakter und Flair.«

Die CSD-Brücke – gerammelt voll

»Rendsburg, wir kommen!«, signalisiert Kapitän von Ancken mehrfach und lautstark ab Rüsterbergen. Hier gehen Lotse und zwei Steuerer des ersten Kanalabschnittes von Bord. »Das Schiff fährt sich hervorragend«, sind sie sich alle drei wie auch später ihre Kollegen einig. Auch wenn ihnen manchmal die zahlreichen Brückengäste unbeabsichtigt die Sicht versperrt haben.

Traumreise auf echtem Traumschiff

Die Schlepper FLEMHUDE und NOBIS 2 kommen um die letzte Kurve angeschäumt und nehmen den 160 Meter langen Frachter auf den Haken. Voraus das markante Stahlgerippe der Rendsburger Eisenbahnhochbrücke. Die Menschentrauben werden dichter, Vorgartenflaggen werden gedippt, Trompetenklänge und Autohupen grüßen den im ganzen Land bekannten Oldtimer, »weil der für eine Zeit steht, als Deutschland noch eine große

Stilechter Empfang durch die Rendsburger Feuerwehr

Seefahrts- und Schiffbaunation war«, begründet dies ein Mitfahrer. Rendsburger Feuerwehrleute unterstreichen das durch schiffshohe Fontänen aus den Wasserkanonen ihrer Löschfahrzeuge, während die Kapelle der Kameraden dazu aufspielt und die Menschen begeistert Beifall klatschen. Als die Gangway ausgebracht – CSD ist das erste Schiff am nagelneuen Kai von Osterrönfeld – und die Busse nach Hamburg vorgefahren

sind, hört man, schon ein bisschen wehmütig, aus der Runde der Rückfahrer: »Das war eine Traumreise auf einem echten Traumschiff, kurz, aber heftig!«

Die abendlichen Rendsburg-Landgänger, die von vielen angesprochen werden, genießen nicht ohne Stolz den Anblick ihres »weißen Schwans« von der Schwebefähre aus. Sie pendelt seit Kaisers Zeiten gratis unter der Brücke zwischen Schleswig und Holstein emsig hin und her.

… liebt das Meer

Montagmorgen: noch 26 Kilometer bis zur Schleuse Holtenau, eine Sache von lockeren zweieinhalb Stunden. Aber erst mal liefern sich CSD und Rendsburg eine beeindruckende Abschiedsshow – bis zum nächsten Mal am 8. Juli auf der Rückfahrt von Kiel nach Hamburg. Schmucke Herrenhäuser, Felder, Wälder, Wiesen und Weiden ziehen neben dem »Silberband zwischen den Meeren« im Zeitlupentempo vorbei. Aufgeschreckt vom Typhon, blöken auch schon mal ein paar Schafe empört die Cap San Diego an. »Das ist wie Seefahrt durch den Bauernhof«, meint ein Passagier und saugt genussvoll den Duft von frischem Heu ein.

Das Schleusenpersonal ist einiges an schiffigen Superlativen und Besonderheiten gewohnt, doch vor CSD zücken sie ihre Kameras, beeindruckt von der Schönheit der alten Dame.

Um 13.30 Uhr verkündet der Brückensprecher: »Wir haben es geschafft, der Kanal liegt hinter uns!« Die vor ihr liegende Ostsee inspiriert die temperamentvolle CSD-Pressesprecherin Gesa Rädeker zu dem freudigen Ausruf: »Das Meer! Ich liebe das Meer!«

Danke, Wiederholungstäter!

Der Frachter steuert aus der Kieler Förde hinaus auf die offene See – bis querab des Marine-Ehrenmals Laboe. Kapitän Rüdiger von Ancken erweist den auf See gebliebenen Kameraden seine Ehre mit dem Typhon. Das ist auch das Signal zum Beidrehen, denn über die Drei-Seemeilen-Grenze hinaus darf CSD nicht mit so vielen Passagieren an

Mit Musik geht alles besser

Bord. Anders als die mit »mächtig-gewaltigem« dreimal Lang vorbeirauschende Kreuzfahrtfähre COLOR MAGIC auf dem Weg nach Oslo.

Pünktlich um 17 Uhr ist das imposante Schiff fest am Sartori-Kai in der Kieler Innenstadt, nicht ohne zuvor von Kieler-Woche-Schiffen und –Booten begrüßt worden zu sein. Einzig das Kreuzfahrtschiff AMEDEA zieht stumm an Backbord vorbei Richtung Schleuse. »Die Schlips- und Kragenträger da drüber haben auch keine Manieren mehr!«, brummelt jemand auf der Brücke, ungehalten über so viel Sturheit.

Über Lautsprecher verabschiedet sich der Sprecher, der mit angenehmer Stimme und vielen Informationen die Gäste unterhalten hat: »Danke, dass Sie mitgefahren sind! Damit tragen Sie zum Erhalt dieses schönen Schiffes bei. Auf Wiedersehen!« – »Klar doch, weil CSD ein geiles Schiff ist!«, freut sich schon jetzt ein älteres Hamburger Ehepaar auf die nächste Reise, »denn wir sind Wiederholungstäter!«

Gut zu wissen:

Am 2. Oktober 1986 kehrte der Frachter als größtes fahrfähiges Museumsschiff der Welt in den Hamburger Hafen zurück. Der Senat der Hansestadt hatte ihn im letzten Moment vor der Verschrottung in Hongkong erworben, um ihn als bleibendes Zeugnis deutschen Schiffbaus und als maritimes Denkmal zu erhalten.

Am 6. Mai 1988 ging die CAP SAN DIEGO in die Stiftung Hamburger Admiralität über. Betrieben wird sie von der »Cap San Diego«-Betriebsgesellschaft mbH; Liegeplatz: Überseebrücke, Hamburg; tägliche Rundum-Besichtigung von 10 bis 18 Uhr; Sonderausstellungen und -veranstaltungen in den Laderäumen; Ausfahrten mit zahlenden Gästen: mehrmals jährlich; ehrenamtliche Mitarbeit zum Erhalt des Schiffes als Helfer möglich, ebenso Fördervereins-Mitgliedschaft.

Das Schiff kann auch als Hotel und Veranstaltungsort genutzt werden.

Kontakt:

info@capsandiego.de; www.capsandiego.de Tel.: 040-364209

»ELBE« – INNOVATIV UND PREISGEKRÖNT

Die ganz besondere Kreuzfahrt in der Deutschen Bucht

Gischtschleier nehmen die Sicht. Dahinter wird braunes Flusswasser hochauf verquirlt. Vor die gleißende Sonne schiebt sich eine schwarze Stahlwand. Da rauf? Der Autor musste es für diese Geschichte.

Nach einem eleganten Halbkreis schmiegt sich das Boot mit der Aufschrift PILOT an die hohe Flanke des Containerfrachters.

Auf- und Abstieg: täglich Brot für die rund 500 Lotsen an der deutschen Nordseeküste. »Und nicht immer so gemütlich wie heute«, lächelt der Mann, der gleich nach der herabbaumelnden Strickleiter greift und mit umgehängter Tasche die Holzsprossen aufentert. Der Elblotse, selbst ehemaliger Kapitän, kommt an Bord. Bis Brunsbüttel berät er den Frachterkollegen. »Bei Westwind kann das hier schon ziemlich ruppig zugehen«, gibt der Lotse zu bedenken, nachdem er seinen Kollegen empfangen und kurz über die aktuelle Situation informiert hat. Mit einem »Good bye, captain! Have a good voyage!«, verabschiedet er sich. Dass ich auf dem »falschen Dampfer« bin, hat er mir allerdings erst kurz vorher verraten, denn »der hier geht durch den Nord-Ostsee-Kanal«. Ich hingegen habe etwas anderes im Sinn: das »Nordsee-Hotel« weit draußen in der Deutschen Bucht. Was es damit auf sich hat? Bis zur Lüftung des Geheimnisses heißt es an Land warten. Die neue Lotsenstation in Brunsbüttel ist dafür gut geeignet. Ein halbes Dutzend Männer, allesamt »Kapitäne ohne Schiff«, wie sie sagen, mit einer fast fünfjährigen Zusatzausbildung zum Lotsen für unbegrenzte Schiffsgrößen. Sie warten auf ihren nächsten Einsatz. »Es geht wieder aufwärts«, sagt der Wachhabende, »obwohl die Zahl der Schiffe fast gleichbleibend ist, aber es kommen mehr große Schiffe mit mehr Ladung.«

Kürzeste Kreuzfahrt

Für nach Mitternacht ist ein besonderer Kunde angekündigt: das neue Kreuzfahrtschiff AIDABLU auf dem Weg nach Le Havre. Das Boot kurvt hinaus auf die pechschwarze Elbe. Aus Hamburg kommend voraus ein hellerleuchtetes Hochhaus: unser Schiff. Etwa das »Nordsee-Hotel«?

Der Einstieg durch die Seitenpforte ist genauso bequem wie die Fahrstuhlfahrt über neun Decks auf die Brücke des Kreuzfahrtriesen. »Das bieten nicht viele Dampfer«, gibt ein Lotse zu bedenken, »wir sind zu dritt, denn zwei Männer sind noch wachfrei.« Sie benutzen die AIDABLU als »Wassertaxi«, wie sie sagen, um vom Lotsenstationsschiff, das zwölf Seemeilen südöstlich von Helgoland operiert, andere Schiffe nach Hamburg zu begleiten. Ihr Interesse am Neubau ist groß. Auf Empfehlung von Kapitän Dr. Friedhold Hoppert nutzen sie die unfreiwillige Wartezeit, um den 80.000-Tonner gründlich zu inspizieren. Ein Rundgang zu nachtschlafender Zeit durch alle Decks, die gähnend leer sind.

Nach zweieinhalb Sightseeing-Stunden endet – weit draußen vor der Flussmündung bei der Leuchttonne »Elbe« – die kürzeste Kreuzfahrt meines Lebens.

Passgenau fährt eine Laufbrücke an die Lotsenpforte. Mit einem Schritt bin ich drüben, an Bord des 25-Meter-Lotsentenders DÖSE. Ein Katamaran mit Power. 1.600 kW heulen auf, und das futuristisch anmutende »Boot« prescht mit 18 Knoten hinaus in die Nacht. Die Lichter des hell erleuchteten Kreuzfahrtschiffes spiegeln sich tausendfach in der Nordsee und werden langsam kleiner. Leuchttonnen blinken mit den Sternen um die Wette.

Ausgezeichneter Komfort

Wenig später: noch ein Schritt – angekommen auf der ELBE, dem »Mutterschiff« des Tenders. Beim Gang zu meiner Kammer auf Deck 6 werfe ich neugierig links und rechts Blicke in die Messen und Aufenthaltsräume des brandneuen Lotsenstationsschiffes, kurz LSS genannt: Die liebevolle Bezeichnung »Nordsee-Hotel« ist hier durchaus angebracht. Das gilt nicht nur für die gemütlich-geschmackvollen Unterkunfts- und Aufenthaltsräume, sondern – wie man spätestens am nächsten Morgen beim opulenten Frühstück feststellt – auch für die Küche: deftig-kräftige Hausmannskost von Smutje Jörg Jakobeit, die »Mutterns« zeitweilig in den Schatten stellt. Nach einer zweiwöchigen Schicht hat jeder der 26-köpfigen Besatzung sicherlich ein paar Zentimeter mehr um die Hüften, wenn er nicht Fitnessraum und Sauna frequentiert.

Die konventionellen einrumpfigen ELBE-Vorgänger vom Typ Kommodore Ruser waren mittlerweile über 40 Jahre im Dienst: komfortlose, robuste Arbeitspferde, die durchaus ihre Liebhaber hatten. Vergangenheit für die Elblotsen und, mit dem zweiten Neubau WESER, für ihre Kollegen aus dem Nachbarrevier. Schluss auch mit Dauerschaukelei, muffigen Mehrbettkammern, ständigen Maschinengeräuschen, Surren der Bootswinden, fehlen-

LSS ELBE und Tender DÖSE in Fahrt
Abeking & Rasmussen

Infos

LSS (Lotsenstationsschiff) ELBE, LSS WESER:

Auftraggeber und Eigner: Wasser- u. Schifffahrtsdirektion (WSD) Nord (Kiel/Aurich); Betreiber/Reeder: Lotsbetriebsverein (LBV), Außenstelle Cuxhaven; Heimathafen: Cuxhaven; Bauwerft: Abeking & Rasmussen, Lemwerder; Baujahr: 2009/10; Baunummern: 6484/6485; Klasse: Germanischer Lloyd, GL + 100 A5K+MC AUT, Pilot Vessel

Technische Daten: Abmessungen: 60,40 m lang, 24,60 m breit, 6,00 m tiefgehend; Verdrängung: 1.480 t; dieselelektrischer Antrieb, 4 Hauptmaschinen MTU 8V 4000 M50 à 760 kW; Generatoren: 4 x AEM SE 400 L4; Propeller: 2 Schaffran-Festpropeller; Brennstoffkapazität: 148 t; Geschwindigkeit (max.): 13 Knoten

Besatzung u. Lotsen: 34 + 50

Versetztender DÖSE, DUHNEN, WANGEROOGE, BORKUM:

Auftraggeber und Eigner: Wasser- u. Schifffahrtsdirektion (WSD) Nord (Kiel/Aurich); Betreiber/Reeder: Lotsbetriebsverein (LBV), Außenstelle Cuxhaven; Heimathafen: Cuxhaven; Bauwerft: Abeking & Rasmussen, Lemwerder; Baujahr: 1999 bzw. WANGEROOGE, BORKUM 2009/10; Baunummern: 6427, 6428, 6429, 6430; Klasse: Germanischer Lloyd, Fahrbereich Deutsche Bucht bis durchschnittl. 3,50 m (max. 5 m) Wellenhöhe

Technische Daten: Abmessungen: 25,65 m lang, 13 m breit, 2,70 m tiefgehend, 5,90 m seitenhoch; Verdrängung: 125 t; dieselelektrischer Antrieb, 2 Haupmaschinen: MTU 12V 2000 M70 à 790 kW; Generatoren: 2 x AEM; Getriebe: 2 x Reintjes WVS 430; Propeller: 2 x Festpropeller; Brennstoffkapazität: 10 t; Geschwindigkeit (max.): 18 Knoten

den Freizeitmöglichkeiten und wenig erholsamem Schlaf. Gegenüber herkömmlichen Einrumpfschiffen bieten SWATHs einen weiteren Vorteil: die Unterbringung der Antriebselemente in den beiden Schwimmkörpern. Sie sind damit vom Wohnbereich getrennt und kaum zu hören. Scherzhaft werden sie daher auch »Flüsterschiffe« genannt.

ELBE-Kapitän und ein Seelotse

Lotsenältermann Albrecht Kramer und viele seiner Kollegen sind froh darüber.

Diese neue Schiffsgeneration heißt SWATH: Small Waterplane Area Twin Hull, zu Deutsch etwa: Doppelrumpfschiff mit geringem Wasserwiderstand. Wegen seiner ausgefeilten und innovativen Technik wurde LSS ELBE preisgekrönt als »Schiff des Jahres 2009«. Nach der Taufe am 1. März 2009 durch Susanne Ramsauer, Ehefrau des Bundesverkehrsministers, hat das modernste Lotsenstationsschiff der Welt seinen Dienst in der Elbmündung aufgenommen. Auch für die traditionsreiche Werft und Luxusyacht-Schmiede Abeking & Rasmussen eine hohe Auszeichnung und Werbeträger für weitere lukrative Aufträge. Holland und Belgien sind die Ersten gewesen, die sich für das neue Konzept mit Katamarantendern und LSS – 50 Millionen € pro Stück – entschieden haben. Dafür bekommt man auch einen mittleren Containerfrachter der jüngsten Generation.

Gestützter Schiffskörper

Dabei geht es – sehr vereinfacht ausgedrückt –, »nur« um »sanftes Verhalten in rauer See«. Der revolutionäre Stahlrumpf basiert übrigens auf einem deutschen Patent von 1930. Anfangs war das Prinzip sehr umstritten, denn mit »Schiff« im traditionellen Sinn hat es nur noch wenig zu tun: ein auf sehr schmalen Stützen ruhender Schiffskörper, der unter Wasser von zwei U-Boot-ähnlichen, ständig getauchten Schwimmkörpern getragen wird und der Energie von Wellen somit kaum Angriffsfläche bietet, was auch Treibstoff spart.

Physik am Rande: Wellenbewegungen, die an der Wasseroberfläche am heftigsten sind, nehmen mit zunehmender Tiefe ab. Die beiden Antriebskörper verjüngen sich zum Heck hin und besitzen zur weiteren Verbesserung des Seegangsverhaltens zusätzlich computergesteuerte bewegliche Stabilisierungsflossen im vorderen Bereich. Elektriker Ralf Griebel, der mich durch die Unterwelt der ELBE führt, ist voll des Lobes für die Technik »seines Dampfers«, der so etwas wie »ein Quantensprung« sei: Zukunft total.

Das Verhalten bei Seegang sei ähnlich ruhig wie bei drei- bis viermal so großen Einrumpfschiffen. So jedenfalls lautet die Kurzformel für das »Geheimnis« SWATH, wie Chief Rainer Traeger es formuliert.

Oder mit anderen Worten: Ihre Bauweise bietet wenig Angriffsfläche für Wellen und Seegang und garantiert auch auf hoher See eine sichere und stabile Arbeitsplattform.

Genau aus diesem Grund hatte sich zuvor auch schon die Deutsche Marine für den Bau des von ihr betriebenen NATO-Forschungsschiffes PLANET entschieden.

Halbtauchende Ölbohrinseln standen Pate für SWATH, um Seegangsbewegungen zu minimieren. Übrigens auch ein schon jahrhundertealter Traum von Seeleuten, die nichts weniger mögen als Wind und Seegang, weil das nämlich Schlaf, Bewegungs- und Arbeitsfähigkeit reduziert. Die Männer wollen beim Arbeiten nicht auf allen vieren kriechen, sondern aufrecht arbeiten, wie viele immer wieder bestätigen. SWATH indes schlägt der Physik und menschlichen Empfindungen ein Schnippchen. Aufwendig ist das bisherige Verfahren, Rollbewegungen mithilfe von Stabilisatoren und Anti-Schlingertanks – wie auf vielen Passagierschiffen – beizukommen.

Effiziente Sicherheit

Erfahrungen sammelte man mit der zehn Meter kürzeren ersten ELBE, die nach zehn Jahren Einsatz mittlerweile in HANSE umbenannt worden ist. Sie wird zukünftig als Reserveschiff in der gesamten Deutschen Bucht vorgehalten. Zum Beispiel wenn ihre großen Schwestern ELBE und WESER alle 14 Tage zum Bunkern und Besatzungswechsel Cuxhaven oder Bremerhaven anlaufen müssen, sagt Kapitän Oliver Göttsche und konzentriert sich gemeinsam mit dem Nautischen Offizier Ulrich Adamek wieder auf die Radar- und Seekarten-Monitore in ihrem Backbord-Steuerstand. Drei Telefone müssen bedient werden, um Anrufe von ein- und auslaufenden Schiffen anzunehmen, Buch darüber zu führen, die Lotsen und Kapitäne an Bord und auf den Schiffen sowie dem Tender zu informieren. Stress pur. Tag und Nacht im Drei-Wachen-Schichtbetrieb.

Elb-Lotse steigt über.

Auch wenn der Tender DÖSE an- oder ablegt, müssen die Männer auf der ELBE-Brücke wachsam sein und Manöver fahren. »Ein Job eher für Frauen«, scherzt der Kapitän, »die können doch mehrere Dinge auf einmal tun.«

Selten legt der Tender mit nur einem Lotsen an Bord ab. »Das war früher so«, erklärt Ulrich Adamek, »da hockten maximal drei Mann bei Wind und Wetter im kleinen, offenen Versetzboot.« Heute nimmt der SWATH-Tender bis zu acht Lotsen mit. »Das spart viel Zeit«, so Göttsche, »denn die hat heute keiner mehr und ist teuer.« Neu ist auch, dass der Katamaran mit bis zu zwölf Knoten längsseits eines Frachters geht, der nicht mehr wie sonst Lee machen, stoppen und wieder anfahren muss. Bei bis zu neun Windstärken und sechs Meter über der Wasserlinie wird gearbeitet. Eine Lotsversetzung per Hubschrauber wäre viel teurer und nach wie vor gefährlich.

Für kleinere Seeschiffe mit bis zu zwei Meter Freibord wird allerdings eines der beiden Speedboote mithilfe eines einarmigen Spezialdavits in Sekundenschnelle zu Wasser gebracht. Innovativ auch diese norwegisch-französische Konstruktion.

Alle Fachleute an Bord wie an Land sind sich darüber einig: So effizient, komfortabel und sicher war die Lotsversetzung noch nie. Spezialschiffbau made in Germany hat – nach wie vor – die Nase vorn!

XXL VON HAMBURG DURCH DIE NORDSEE

Kleiner Schnuppertörn auf Riesenfrachter

Passagiergepäck schwebt per Kran an Bord.

»Das mit dem Auslaufen kann 10, 12, 14 oder auch 22 Uhr werden«, ist sich der Schiffsmakler am Telefon nicht ganz sicher, »das hängt wie immer vom Pegel ab.« Fest steht jedoch, dass »mein« Schiff an diesem Tag im Hamburger Hafen liegt. Die 130.000 Tonnen große MS CMA CGM Vela lädt Container für ihre bevorstehende Ostasien-Rundreise. 56 Tage soll sie dauern. Wir wollen allerdings nur mal acht Tage »schnuppern«.

Lkw-Stau vor dem Hafentor am Burchardt-Kai. Die Weiterfahrt ist nur mit dem Terminal-Bus erlaubt, über dem eine gelbe Rundumleuchte blinkt. »Zu gefährlich hier«, meint der Fahrer und fragt, wo es denn hingehen solle. In scharfem Tempo karriolt er durch dunkle Containerschluchten und -gebirge. Quietschend schieben sich plötzlich Güterwaggons ins Bild, von warnenden Lokpfiffen untermalt. Gleich hinter den Schienen springt – Schreck in der Abendstunde! – ein Mann auf die Straße. Gestikulierend und radebrechend sucht der verirrte russische Fernfahrer den Ausgang. Spätestens jetzt wird dem Besucher klar, dass man hier chauffiert werden muss.

Wir stoppen vor einer dunkelblauen Bordwand. CMA CGM steht in zehn Meter hohen weißen Lettern dran. Angekommen! Über uns schweben unter Sirenengeheul Container an und von Bord.

Auf schwankender Gangway balancieren wir in die Höhe. An Deck eines der größten deutschen Containerfrachter. Hafenarbeiter drücken sich eilig an uns vorbei nach unten: Schichtende. »Gute Reise!«, wünschen einige.

Durch acht Decks saust der Fahrstuhl nach oben. Kapitäns-»Musterung« über randlose Brillengläser hinweg: »Willkommen an Bord! Haben Sie Ticket und Pass dabei?« Der Vier-Streifen-Mann checkt kurz unsere Papiere, die auf einem Stapel neben dem Computer landen. »Tja, dann richten Sie sich mal häuslich ein«, hören wir noch. Spricht's und wendet sich wieder seinen Geschäften zu. Für »lebende Ladung« ist vor dem Auslaufen wenig Zeit.

Fans im Café Stehblick

Unsere Eignerkabine entpuppt sich als gemütlich: Doppelbett, Ecksofa, Stühle, Kühlschrank, Video-Musikanlage, Schreibtisch, Kleiderschrank, Bad – und Blick durch drei Fenster nach vorn auf bunte Containerstapel. Die Kräne arbeiten immer noch emsig, greifen Blechkisten und packen sie in die Laderäume.

18 Uhr: Abendbrot in der Offiziersmesse. An unserem Tisch noch zwei weitere Passagiere. »Frachterreise-Fans«, wie sie bekennen. Nach erstem Beschnuppern zwischen Suppe und Steak wird eine Begrüßungsbierrunde in der Bar verabredet. Doch es fehlt an Bier. Trotz Hafenstress rückt der Kapitän einen Karton heraus. Bis zum Auslaufen ist noch Zeit zum Erzählen. Die Süddeutschen kommen ins Schwärmen: Schiffe und Häfen lassen sie Revue passieren. Welterfahren. Begeistert sind wir von dem modernen (Baujahr 2008 in Korea), großen Schiff, den geräumigen, bestens eingerichteten Kabinen, Pool, Fitnessraum und Sauna.

Pünktlich um 22 Uhr erzittert der Koloss. Rund 100.000 PS, die einen der stärksten Dieselmotoren der Welt antreiben, geraten in Bewegung. Von der Brücke aus, dem scherzhaft genannten »Café Stehblick« – auf einem Kreuzfahrer absolute Tabuzone –, verfolgen wir das Ablegemanöver, 45 Meter über der Elbe. Hier ist man als Passagier hautnah dabei.

Bald verschwimmen die »roten Laternen« von St. Pauli im Kielwasser. Anerkennende Lotsenworte: »Ganz schöner Kasten, die Vela!« Kurz darauf ist typisches Funkkauderwelsch zu hören, zum Beispiel: Gretje ist jetzt beim Teufel«; nicht etwa eine Anspielung auf Goethes »Faust«, sondern die Mitteilung, dass der Küstenfrachter Gretje gerade Teufelsbrück passiert habe. Die Schlepper werfen los und drehen ab. Der Riese schleicht allein weiter.

MS CMA CGM Vela unbeladen auf der Werftprobefahrt
Daewoo-Werft, Okpo/Korea

Infos

MS CMA CGM VELA:

Bauwerft: Daewoo Shipbuilding & Marine Engeneering (DSME) Co., Ltd., Okpo, Korea; Baunummer: 4125; Kiellegung: 28.4.2008, Taufe (Elisabeth Wils, Ehefrau von Chief Executive Vice President der französischen Reederei CMA CGM, Alain Wils): 2.10.2008, Auslieferung (nach nur einem halben Jahr): 17.10.2008; Taufname: CONTI JUPITER (Eigner: Conti Containerschifffahrts-GmbH, München-Putzbrunn, Chartername (Charterer CMA CGM, Marseille): CMA CGM VELA (Vela = »Segel des Schiffes«); Bereederung: NSB Niederelbe Schifffahrtsgesellschaft, Buxtehude, 113. Schiff und Flaggschiff der Reederei; deutsche Flagge, Heimathafen: Hamburg; Klassifikation: Germanischer Lloyd (GL) + 100 A5E, Container-Ship; IMO 9354923; Rufzeichen: DFUMS; Schwesterschiffe: CMA CGM THALASSA (15.12.2008), CMA CGM HYDRA (März 2009), CMA CGM MOSCA (Mai 2009), alle drei auf französische Rechnung; Einsatzgebiet: FAL 1 (Nordeuropa–Fernost); Route (Europa–Fernost–Europa insgesamt 70 Tage, auch ab 5 Tage abschnittsweise buchbar bei entspr. Kapazitäten): Hamburg–Rotterdam–Zeebrügge–Le Havre–Malta–Suez–Khor Fakkan–Chiwan–Pusan–Kwangyang–Dalian-Xingang–Shanghai/Yangshan–Hongkong–Yantian–Singapore–Port Kelang–Suez–Tanger–Southhampton–Hamburg (Änderungen vorbehalten).

Technische Daten: 128.600 BRZ, 130.700 tdw, 11.800 TEU (20 Fuß Standard), 347,48 m Länge (2 m länger als die QUEEN MARY 2, 45,20 m breit, 29,70 m seitenhoch bis Wetterdeck, 15,50 m Tiefgang (max.), Höhe (Kielmast) 72 m; Typ: VLCS (Very Large Container Ship); zählt zu den größten Containerschiffen der Welt; Maschine: Zwölfzylinder MAN B&W Typ 12K98ME-C7, 72.240 kW (ca. 100.000 PS), 24,3 kn Geschwindigkeit, sechsflügeliger Propeller (105 t Gewicht, ca. 9 m Durchmesser, gebaut von MMG Waren/Müritz), Verbrauch zwischen 160 und 320 t/Tag (je nach Leistungsstufe), 16.000 t Schweröl-Bunkerkapazität, 25.000 t Ballastwasser

Crew: 26

Passagiere: max. 7

Ausstattung: Fahrstuhl, Schwimmbad (innen, Meerwasser), Sauna, Fitnessraum, CD/DVD, Aufenthaltsraum (DVDs, Bücher zur Ausleihe), Liegestühle, Waschmaschine/Trockner (Waschpulver), Handtücher, Bettwäsche (wöchentlich frisch), Reinigung Kabine (wöchentlich), Steward an Bord.

Kabinen: 1 Eignerkabine D (42 qm inkl. Bad), 2 Doppelkabinen Eigner A und B (ca. 32 qm inkl. Bad), 1 Einzelkabine Eigner C (ca. 20 qm inkl. Bad); Preise: Eignerkabine (100 €/Tag pro Person, 120 € bei Alleinbenutzung), Doppelkabine (95 €/Tag pro Person, 110 € bei Alleinbenutzung).

Weitere Informationen: NSB-Reisebüro, Tel.: 0421-3388020; www.nsb-reisebuero.de

Rückwärts Ausparken vom Liegeplatz

Tiefschlaf und Verlockungen

Das Villenviertel von Blankenese leuchtet vornehm zurückhaltend von den Ufersteilhängen. Stumm die Schiffsbegrüßungsanlage in Schulau. Wegen Dunkelheit fällt der rührselige Abschied ins Wasser. Keine Hymnen, keine Tränen. Bis zum Lotsenwechsel vor Brunsbüttel halten wir aus und schauen den Nautikern bei ihrer verantwortungsvollen Arbeit über die Schultern. Ihre Gesichter leuchten grün im Schein der Radarschirme.

Das Grummeln des gewaltigen Zwölfzylinders garantiert seligen Schlummer. Letzter Lotsenwechsel bei ELBE I im Tiefschlaf. Wiegengefühle bei Nordseewellen.

Nach dem opulenten Frühstück »Morgen-Dienst«: Sicherheitseinweisung durch den Zweiten Offizier. Auf einer Liste hakt er penibel alles ab: Rettungsweste, Schutzhelm, Notausstiege, Sammelplatz, Feuerlöscher. Pottendicker Nebel unterstreicht diese lebenswichtige Aktion eindringlich. Ins Schwitzen bringt uns erst die Sauna. Nach der Abkühlung im Innenpool geht's hüllenlos an die frische Luft. FKK auf See.

Am Abend tastet sich CMA CGM VELA in die Einfahrt des belgischen Hafens Zeebrügge. Das schlafende Seebad verlockt noch nicht zum Landgang, doch am nächsten Morgen bei strahlendem Himmel. Gelegenheit für Außenaufnahmen vom Schiff, Gespräche mit freundlichen Kabeljau-Anglern, Promenadenauslauf, am Strand und in den Dünen. Ein Modellfischkutter geht als Souvenir mit an Bord.

Der Koch inspiziert einen der blitzblanken Proviantträume (oben). Übung im Innenpool – Rettungsanzüge werden ausprobiert.

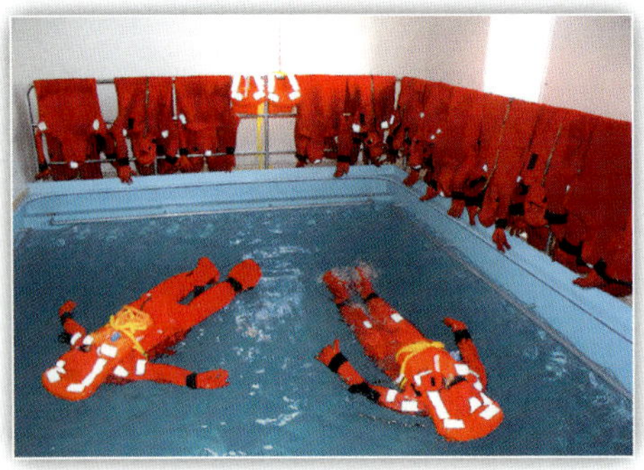

Festmacher-Truppe fährt im Hamburger Hafen vor (unten). Bild unten – Zwergenhaft und gigantisch: Mensch und 100.000 PS-Maschine.

Lösch-Szenario mit Fachwerk-Kulisse

Der Frachter hat am Spätnachmittag seine Nase wieder in die Nordsee gesteckt. Voraus versinkt ein glühender Sonnenball im Englischen Kanal. Autobahnmäßig dichter Schiffseinbahn- und Fährenquerverkehr zwingen den Kapitän zur Daueranwesenheit auf der Brücke. Stress bis in die Morgenstunden. Englische und französische Küste sind zu Glühwürmchenketten geschrumpft. Bei der Kojenlektüre von Lothar-Günther Buchheims Roman »Die Festung« frage ich mich, wie das hier wohl 1944 während der alliierten Invasion ausgesehen haben muss.

Gewundener Flusskurs bis zum Terminal von Southampton. Gleich nach dem Festmachen schweben wieder Container durch die Luft. Gleiches Lade- und Löschszenario wie in Hamburg und Zeebrügge, nur mit unterschiedlichem Hintergrund. Hier sind es Fachwerk-Cottages, Wiesen und Weiden, typisch englisch eben.

Epilog:

Nach einer 2.000-Seemeilen-Schnupper-Woche ab Hamburg – nicht einmal die berüchtigte Biskaya hat unserem Riesen etwas anhaben können – kommt das »Container-Drehkreuz« des Mittelmeeres in Sicht. Gelbbraune Steilküsten werden von blauen Containerkränen und -gebirgen überragt: Malta voraus! Von hier wird »Voltaire«-Ladung in andere Mittelmeer-Häfen verteilt. Zeit zum Abschiednehmen, aber zu schade für einen übergangslosen Flug an die heimische Ostseeküste. Wir nisten uns noch für ein paar Tage auf dem nordmaltesischen Inselchen Comino ein. Später sehen wir CMA CGM Vela vom Hotelbalkon als Modellschiff über den fernen Horizont kriechen – Kurs Ostasien. Irgendwann wollen auch wir bis Shanghai an Bord bleiben.

ZEHN FREUNDINNEN – HOLLAND RUNDGEMACHT

Zum Schnuppern: vier Häfen in vier Tagen

»Man gönnt sich ja sonst nichts«, lächelt die flotte Seniorin charmant, »aber dieses Mal sollte es eine Schiffsreise sein!« Alljährlich treffen sich die zehn Schulfreundinnen aus Hannover. Im Sommer 2011 haben sie sich zu einer Flusskreuzfahrt verabredet.

Städtetouren hatten sie schon zur Genüge, wie sie sagen. Jetzt haben die »munteren Mädels« ihre Idee spontan in die Tat umgesetzt und sind an Bord gegangen. Ihr »Traumschiff«: der Fünf-Sterne-Kabinenkreuzer MS Vista Prima, jüngstes Flaggschiff der Kölner 1AVista Reisen.

Die weniger Erfahreneren werden dabei fürsorglich von zwei »alten Flusshäsinnen« an die Hand genommen, gesteht eine von ihnen bei einem ersten Erkundungsrundgang durch die Decks. Derweil verlässt das 110-Meter-Schiff nach einem eleganten Drehmanöver das vor Menschen überquellende Köln flussabwärts.

Spaß und Freude sind angesagt bei den »Christopher Street Days«, aber auch gesperrte Straßen rund um den Dom und am Rheinufer. Die Transferbusse vom Bahnhof schaffen es knapp zur Auslaufzeit um 16 Uhr. Das tut der Vorfreude auf den Schnuppertörn nach Holland keinen Abbruch.

Formwünsche mit Infos

Bald bleibt die fröhliche Domstadt im aufgequirlten Kielwasser achteraus, und »die Mädels« sind schon wieder auf der Suche. »Wo ist denn hier der Fitnessraum«, möchten sie unbedingt von Kreuzfahrtleiter Lutz Bork wissen, »denn wir wollen in Form bleiben, nicht nur für unsere Männer, sondern erst mal für die geplanten Ausflüge.« Ausgeguckt haben sie sich dafür schon die bordeigenen Fahrräder.

Lutz Bork indes versorgt seine Gäste erst mal mit Informationen: über Schiff, Bordleben und das Fahrtgebiet: »Meine Damen und Herren, wir haben gerade die größte Stadt am 1.320 Kilometer langen Rhein verlassen und steuern jetzt nordwärts, auf dem Niederrhein vorbei an Düsseldorf und Duisburg mit dem größten Binnenhafen Europas. Bei Emmerich ist der längste deutsche Fluss bis zu 915 Meter breit und fließt dann in die Niederlande. Morgen früh erreichen wir unseren ersten Hafen, Amsterdam.« Nächste Programmpunkte: Tischreservierung beim Maitre d'Hotel Stancho Stanchev. Ausflugsinformationen folgen im Salon.

Begeisterte Zustimmung

Um 18.30 Uhr steigt die erste Bordparty: der Willkommens-Cocktail vor dem Abendessen. Lutz Bork, der rumänische Kapitän Alexandru Marinescu und die ungarische Hotelmanagerin Christina Harsanyi stellen die Crew vor, die fröhlich winkend ihre Begrüßungsrunde durch den Salon dreht.

Gleich zu Beginn des Fünf-Gänge-Menüs stoßen die zehn Schulfreundinnen auf Anne an, »dass sie«, so toastet Rosemarie, »uns auf dieses schöne Schiff gelotst und alles so trefflich organisiert hat!«. Währenddessen zeigt sich Düsseldorf von seiner schönsten (Wasser-)Seite. Menschen lassen sich auf den Rheinterrassen von den letzten Sonnenstrahlen des Tages küssen und winken – sehnsüchtig? – zur VISTA PRIMA herüber. Vom nahen Kirchturm baumelt ein Transparent herab mit der sinnigen Aufschrift: »Sonntag – ein Geschenk des Himmels!« Dem können nicht nur die Mädels begeistert zustimmen.

Weltliche Gourmetfreuden

Obwohl die religiösen Werbestrategen sicher etwas ganz anderes damit gemeint haben als die weltlichen Freuden einer Flusskreuzfahrt bei Rheinwein und Schlemmerkost, deren Speisekarte Gourmetfreuden ankündigt: Vitello Tonnato aus rosagebratenem Kalbfleisch mit Thunfischsauce und Salatbouquet oder Caesars Salat, Champignoncremesuppe oder Geflügelkraftbrühe mit Kräuterknödel, gebratenes Schweinefilet in Parmaschinken oder vegetarischer Auberginen-Lasagne oder kalte Platte, als Dessert Brotpudding mit Zimteis und Vanillesauce, frische Früchte oder Käseteller. Das »oder« bestimmt die Gänge – je nach Appetit, Lust und Laune. Wobei die Weinpreise – pro Flasche zwischen 17,50 und 33 Euro – ihnen Letztere nicht verderben. »Ein Mal im Jahr gönnen wir uns das, da spielt das auch keine Rolle mehr«, prosten sie sich auf einen tollen »Klassenausflug« zu.

Chefkoch Kurt Häußler, waschechter Schwabe, wie sein Tonfall verrät, hat einen gewissen Anteil daran: »Gutes Essen macht gute Stimmung«, ist sein Credo. Er selbst kommt kaum dazu, »denn der Stress in der Küche verhindert das, aber danach esse ich gern und viel«. Nicht etwa Spätzle, wie man meinen könnte, »sondern ich liebe es orientalisch«. Das »schwäbische Nationalgericht« schlage ihm auf den Magen, »weil zu viel gute Butter drin ist«, begründet er das und reibt sich über sein immer noch ansehnlich flaches Bäuchlein.

Blökende Schafe mit Erinnerungen

Gegessen wird mit Blick auf den vorbeigurgelnden Fluss, regen Frachterverkehr mit Container-Hochstaplern, weißem Kieselstrand und sattgrüner Niederrhein-Aue. Hinter dem Deich dehnt sich plattes Wiesen- und Weideland bis zum Horizont. Hin und wieder unterbrochen von gewaltig dampfender Industriekulisse, bis nur noch Schafe herüberblöken und weiße Kühe wiederkäuend kurz aufblicken.

»Die Mädels« lassen sich's munden und sind mal wieder einer Meinung: »Auch das ein Geschenk des Himmels«. Rheinwein und Aussicht beflügeln ihre Erinnerungen an eine gemeinsame Vergangenheit. Bis die Sonne hinter den filigranen Deichsträuchern versinkt. »Steuermann halt die Wacht!«, möchten sie am liebsten anstimmen auf den Mann, der sie von der Brücke aus – nicht nur seiner Meinung nach die »großzügigste und bestausgestattete in der Fahrgastschifffahrt« – sicher durch die Nacht der niederländischen Hauptstadt entgegennavigiert.

Durch die geöffnete Balkontür vernimmt man geschäftig bullernde Frachterdiesel und das einschläfernde Glucken des Rheins. Dann regieren nur noch entspannte Urlaubsträume. Im nachmitternächtlichen Tiefschlaf wird dann die deutsch-holländische Grenze passiert und später die Städte Nijmegen und Utrecht.

Schlüssel nach Amsterdam

Kreuzfahrtleiter Lutz aus Berlin weckt seine Gäste: »Guten Morgen, meine Damen und Herren, versäumen Sie nicht das Einlaufen. Der Hafen Het IJ ist der Schlüssel nach Amsterdam und zeigt sich vom Wasser aus von einer besonderen Seite!«

Kanaleinfahrt in der niederländischen Hauptstadt

Zum Frühstück gibt er über Lautsprecher erste Informationen: »Amsterdam ist ein wichtiger Hafen und Hauptstadt der Niederlande mit rund 1,5 Millionen Einwohnern. Der Sitz der Regierung ist jedoch das 50 Kilometer entfernte Den Haag. Die im frühen 13. Jahrhundert gegründete Stadt liegt in der Provinz Nordholland an der Mündung von Amstel und Ij in das Ijsselmeer. Sie ist durch den Nordseekanal mit der Nordsee verbunden, durch einen Damm gegen Überschwemmungen geschützt und von zahlreichen Grachten durchzogen. Genießen Sie das Frühstück und den Tag!«

Von früh bis in die Nacht hat man Zeit dazu. Der philosophische Seneca-Tagesspruch passt dazu: »Es ist nicht wenig Zeit, die wir haben, sondern es ist die Zeit, die wir nicht nutzen.«

Sich einfach treiben lassen

Kaum ist man an Land, merkt man sehr schnell, dass Amsterdam eine dieser Städte ist, in der man sich sofort zu Hause fühlt: kosmopolitisch und geschäftig, aber gleichzeitig auch einladend und entspannt. »Das historische Zentrum bietet«, so liest man in den Tagesinformationen, »ein bemerkenswertes architektonisches Kaleidoskop, das nicht weniger als 7.000 klassifizierte Gebäude umfasst, von denen viele den Zeitraum vom 16. bis zum 18. Jahrhundert umfassen.«

Oft als ›Venedig des Nordens‹ bezeichnet, kann sich die Stadt mit insgesamt 1.200 Brücken brüsten, die 90 Inseln miteinander verbinden, die durch Dutzende von lieblichen Kanälen voneinander getrennt sind. Wegen des sumpfigen Untergrunds der Amstel wurden die meisten der älteren Gebäude auf Pfählen errichtet. Allein 18.000 sind es, auf denen der königliche Palast ruht.

Der Wohlstand der späteren Hansestadt basiert seit jeher auf Seefahrt und Handel der Kolonialmacht. Bekräftigt wurde dies noch durch den 1867 errichteten Nordseekanal, aber erst 1952 war die Metropole durch den Amsterdam-Rhein-Kanal mit dem europäischen Wasserstraßennetz verbunden.

Beim Stadtbummel durch die engen Gassen und an den beschaulichen Grachten entlang begegnen einem nicht nur Menschen aus aller Welt, sondern man hört auch ihre Sprachenvielfalt, schnuppert alle nur erdenklichen Gerüche, begegnet den skurrilsten Typen, erfreut sich an Farben und natürlich der mittelalterlichen Architektur. Hier hat man das Gefühl, das (fast) alles möglich und erlaubt, aber kaum etwas verboten ist wie zum Beispiel öffentlicher Drogenkonsum und Prostitution. Sogar US-Präsident und Rauschmittelgegner Obama wird auf Plakaten »vermarktet«: »Yes, we Can(nabis).« Dafür stehen die berühmt-berüchtigten Coffe Shops.

Hier lässt man sich gerne einfach nur treiben: schauen, staunen, schnuppern, beobachten, innehalten.

Flackerndes Rotlicht und Kultur

Mittagspause an Bord bei Büfett und à la carte. »Die Mischung macht's«, begründet Lutz das Doppelangebot. Wer möchte, nimmt sich seinen Teller und genießt das Stadtpanorama unter den Sonnenschirmen auf dem Oberdeck.

Doch schon um 14 Uhr sammelt sich eine 30-köpfige Schar um den rührigen Kreuzfahrtleiter. Der hat zu einem eineinhalbstündigen Spaziergang durchs »Rotlicht-Viertel« eingeladen, das ausgerechnet im unmittelbaren Umfeld einiger Kirchen liegt.

»Erstaunlich«, gesteht eine Dame etwas verschämt, »wie viele sich das nicht entgehen lassen wollen, was sie sich allein wahrscheinlich nicht trauen!«

Und was haben »unsere zehn Seniorenmädels« in der Zeit erlebt? Eine atemberaubende Stadterkundung im Schnelldurchgang zu den kulturellen Highlights. Nur nichts verpassen ist ihr Motto.

Dazu gehören Rembrandthaus, Van-Gogh-Museum, Schifffahrtsmuseum mit vielen Live-Exponaten wie Tjalken und Dampfern im Hafen, Nemo-Haus mit »Käffchen« auf der Dachterrasse und weitem Stadtblick, Anne-Frank-Haus, Domplatz, Rijksmuseum und Madame Tussaud.

Zu manchem reicht es nur von außen. »Aber zur Erholung haben wir uns eine Grachtenfahrt gegönnt«, erfährt man ihre Tageserlebnisse beim landestypischen Abendessen aus Scheveninger Fischsuppe und gebratener Atlantik-Seezunge.

Schlaue Fietse-Fahrer dominieren

Was man sich nicht entgehen lassen sollte, ist eine Radtour. Die bequemen bordeigenen »Fietse«, zu Deutsch: Fahrräder, fordern gerade dazu auf. »Das ist mir zu gefährlich«, meint jemand, »zu Fuß ist mir lieber!« Wer sich aber anpasst, hat es leichter. Man muss eigentlich nur den breiten Radwegen und Kennzeichnungen folgen, außerdem hat der Radfahrer fast überall Vorfahrt.

Problematisch ist allerdings, dass auch Mopeds, Motorroller und Kleinstwagen zugelassen sind, die mit bis zu 40 Sachen über die roten Pisten brettern. Alle fahren Rad, ob bezopfter Rastaman, streng Uniformierter oder »busy« Anzugträger. Das hat seine Gründe.

Gegen Ende des 19. Jahrhunderts ging die Mehrzahl der Amsterdamer zu Fuß zur Arbeit. Mit der Einführung des Fahrrads konnten sich endlich Tausende den Luxus der schnelleren und bequemeren Fortbewegung leisten. Bis zum Ersten Weltkrieg wimmelte es in der Stadt nur so von Drahteseln. Überdachte Fahrradständer kamen als öffentliche Parkplätze auf.

Nach dem Zweiten Weltkrieg stieg die Zahl der Fahrräder weiter – bis heute. Auch ihre Vorrechte. Geradezu elegant, in unseren Augen halsbrecherisch, ist der niederländische Fahrstil. Man nutzt schlau jede Lücke im Verkehr und wedelt gekonnt hindurch. Schon das Zuschauen macht Spaß. Crashs sind – zum Glück – eher selten, wie man erfährt.

Also muss auch ein »ordentlicher« deutscher Radfahrer keine Angst vor dem kleinen Abenteuer haben, im Gegenteil. Autofahrer mit ihren raumgreifenden Ansprüchen haben hier in jeder Hinsicht das Nachsehen.

Und die Crew freut sich auf den »Overnight«-Aufenthalt. »Heute Abend gehen wir aus«, verkündet Lutz, »das müssen wir ausnutzen«. Nicht nur zum Beinevertreten.

Doch schon um vier Uhr dreißig ist die Nacht vorbei. Dann heißt es »Auslaufen ins Ijsselmeer!«

Natürlich Edamer – ein Muss-Mitbringsel

Carpe diem!

»Noch mehr Sonne, noch mehr Meer!« Das ist morgendliche Euphorie pur, durch die geöffnete Schiebetür der Nachbarkabine nicht zu überhören. Das Ijsselmeer glänzt wie blankgeputzt, nur leicht gekräuselt durch Miniwellen.

»Ach, geht's uns doch gut!«, strahlt eine der Freundinnen am Frühstückstisch.

Pünktlich um acht Uhr legt Kapitän Alexandru Marinescu »seinen Dampfer« an die Pier. »Hat ja gar nicht gewackelt!«, ist Helga begeistert vom sanften Anlegemanöver am kleinen Bootshafen von Volendam, den mächtige Holzmasten von dickbauchigen Tjalken überragen.

Und ihre Pläne? Entspannt das alte Fischer- und heutige Touristendorf erkunden wollen sie. Eine organisierte Gruppe startet per Bus zum Ausflug »Windmühlen und Käse«. »Toll«, berichten einige Gäste hinterher, »das Mahlen und die Käseherstellung hautnah erlebt zu haben!«

Ein Segler läuft ein mit dem passenden Namen Carpe diem – nutze den Tag!

Typische Plattbodenschiffe mit braunen und weißen Segeln dümpeln auf dem Meerchen wie einst, nur besteht ihre Ladung heutzutage aus Touristen. Gerade ist eine fröhlich schnatternde Gruppe Vietnamesen »eingefallen«: »Sechs Länder in einer Woche!«, strahlen sie. Das ist »rekordverdächtig!«. Unbedingt wollen sie reihum auf dem Vista-Prima-Bordfahrrad vor dem Schiff fotografiert werden.

Zu dieser Morgenstunde hält sich der Volendam-Trubel glücklicherweise noch in Grenzen. Also nichts wie auf nach Norden – immer dem ufer- und deichparallelen Weg entlanggeradelt! Die Luft duftet nach frisch gemähtem Gras und Meer. Kiebitze, Reiher,

Gänse, Schafe, Pferde und schwarzbunte Kühe bevölkern die von Entwässerungsgräben durchzogenen Wiesen und Weiden. Hier im westfriesischen Neuland können sie bis zu sechs Meter unter dem Meeresspiegel liegen und werden deswegen von insgesamt 2.000 Kilometer Deichen geschützt.

Friesisch-Platt

Ein-, Durch- und Ausblicke in niederländische Wohn- und Lebenskultur verschaffen die hübschen, von üppigem Blumenschmuck umgebenen gardinenlosen Häuser. Mit den Menschen kommt man unkompliziert in Kontakt. »Hallo!«, wird man unentwegt vergnügt-entspannt gegrüßt und kommt schnell ins Plauschen. Möglichst »op Platt«, auf Plattdeutsch, wenn man kann. Das kommt dem hier gängigen Friesisch sehr nahe. Als Individualradler gilt man ohnehin als Einheimischer und wird darum auch manchmal nach dem Weg gefragt. Der führt durch schattige Baumalleen, an Kanälen entlang und über malerische Zugbrücken.

In Edam trifft man irgendwann auch auf die dottergelben Käsekugeln. Die sind zu Bergen aufgetürmt vor einem romantischen Tante-Emma-Laden, in dem aber nur Käse verkauft wird.

Verträumte Gässchen laden zu märchenhaften Fantasien ein, zu Seh- und Fotostopps.

In Volendam ist zur Mittagszeit schon »der Bär los«. Fischrestaurants und Souvenir-Shops quellen über vor Menschenmassen. Flucht an Bord – zum stressfreien Fischbüfett aus Heringsvariationen, Lachs und geräuchertem Aal satt.

Um 14 Uhr heißt es wieder »Klar vorn und achtern!«. Die Gangway wird von den Matrosen eingeholt, und die Leinen klatschen ins Wasser. Start zur eineinhalbstündigen Seefahrt über das mit maximal viereinhalb Metern nur pfützenflache Ijsselmeer. Der Kurs ist abgesetzt auf die alte Hansestadt Hoorn, den Hafen Nummer drei.

Sonnenbaden an Oberdeck auf dem Ijsselmeer

Hoorns Männer weltweit

Lutz stimmt wie vor jedem Landgang seine Gäste über Lautsprecher mit Infos ein: »61.000 Einwohner leben in der früheren Hauptstadt Westfrieslands direkt an einer Bucht des Ijsselmeers. Deren Hafen atmet noch den Duft der großen weiten Seefahrerwelt des Mittelalters. 1356 erhielt der Ort von Willem V. Graf von Holland die Stadtrechte. Blütezeit war im 16. Jahrhundert. Wegen der hervorragenden Anbindung zur Nordsee ließen sich hier viele Händler nieder. Früh entwickelten sich Handelskontakte zum Ostseegebiet und mit England. Der Bau des Abschlussdeichs trennte Hoorn schließlich vom Meer ab.

Männer aus Hoorn prägten nachhaltig die Geografie der Neuzeit, zum Beispiel Willem Schouten, der im Jahre 1616 die Südspitze Südamerikas umsegelte und sie nach seiner Geburtsstadt benannte: Kap Hoorn. Auch Abel Tasman (1603–1659), der Neuseeland und Tasmanien entdeckte, stammte aus dieser Stadt. Genauso wie Jan Pieterzon Coe (1587–1629). Mit der Gründung Batavias (Djakarta, Indonesien) legte er den Grundstein zum holländischen Kolonialreich. Im Übrigen: Von unserer Anlegestelle finden Sie leicht in die Stadt. Viel Spaß beim Entdecken von Hoorn!« Danach ist noch Zeit und Ruhe für eine Liegestuhlsiesta an Oberdeck. »Sieht wie Urlaub aus«, scherzt Lutz Bork beim Oberdeckrundgang.

Der »Hoofdtoren«, ehemaliger Wehr- und Hafenturm sowie städtisches Wahrzeichen, reckt sich direkt vor der VISTA PRIMA in die Nachmittagssonne. Ob zu Fuß oder per Rad: Der Marktplatz »Rode Steen«, die »Waag«, öffentliche Waage von 1609, das reichverzierte Giebelhaus des Westfries-Museums oder das »Nieuwe Oosterport«, Neues Osttor, sind in dreieinhalb Stunden locker anzusteuern. Sogar ein Bad im Ijsselmeer zur Abkühlung ist drin, auch ein Abschiedsbier im Restaurant des »Hoofdtoren«. So ist man gut »gerüstet« für die Seereise über das scheinbar uferlose niederländische Meer.

Die Hauptstadt an der Amstel wird samt 77 Kilometer langem geschäftigem Amsterdam-Rhein-Kanal mit vier Schleusen im Nachtsprung passiert – ohne Schlafstörung dank »weichem Fahrstil« vom erfahrenen Steuermann Karl-Heinz Lütten. Der Hamburger ist übrigens eine maritime »Rarität« mit einer Doppelqualifikation als Hochsee- und Binnenkapitän. »Mein nächster Job«, sagt der freundliche Mann, »ein Tanker zum Persischen Golf«.

Einkaufen bis zum Umfallen

VISTA PRIMA legt am nächsten Morgen bei Rheinkilometer 883 an: Nijmegen oder zu Deutsch: Nimwegen, vierte und letzte Anlegestelle. Kreuzfahrtleiter Lutz Bork präsentiert die moderne, aber mit 2.000 Jahren älteste niederländische Stadt wie gehabt zum Frühstück: »Sie liegt wie Rom auf sieben Hügeln und nahe der deutschen Grenze am Fluss Waal. Ihre Grundsteine legten Kelten, Bataver und Römer, wovon heute noch die Überreste eines Amphitheaters zeugen. Schon im ersten Jahrhundert nach Christus war sie als das römische »Noviomagus« (Neumarkt) ein wichtiger Handelsstützpunkt. Karl der Große, der im Jahre 800 zum Kaiser gekrönt wurde, ließ oberhalb des Flusses einen großen Palast errichten, den Valkhof. Nijmegen wurde schließlich zur freien Reichsstadt und Mitglied der Hanse, was ihr Wohlstand während des gesamten Mittelalters sicherte.

MS Vista Prima hat in Nijmegen angelegt

Infos

MS Vista Prima:

Baujahr: 2010 in Hardinxveld, Holland (Kasko in Belgrad, Serbien); Taufe und Indienststellung: 21.5.2010; Reederei: Scylla AG, Basel; Heimathafen: Basel; Flagge: Schweiz; Charterer: 1AVISTA Reisen GmbH, Köln; Klassifizierung: 5 Sterne.

Technische Daten: Tonnage: 2.000 t; Länge: 110 m; Breite: 11,45 m; Tiefgang (max.): 1,35–2,05 m; Antrieb (Ruderpropeller): 2 x 785 kW Caterpillar; Geschwindigkeit: 24 km/h (max.); Stromversorgung: 3 Generatoren à 500 PS; Bugstrahlruder: 500 PS

Crew: 36

Passagiere: 158 in 69 Kabinen (zwischen 14 und 18 qm Größe, auf dem Ober- und Mitteldeck mit »französischem Balkon«, Dusche/WC, Haartrockner, Bademäntel, Flatscreen-TV mit Video-Kanal, Radio, Minibar, Safe, Telefon, WLAN (gegen Gebühr), regulierbare Klimaanlage, 220 V Wechselstrom, Betten lassen sich wahlweise als Doppelbett zusammen- oder als getrennte Einzelbetten stellen) und 7 Suiten

Passagierdecks: 4; Sonnendeck, Golf Putting Green, Shuffleboard, Whirlpool, Boutique, Fahrstuhl, Panorama-Aussichtssalon mit Bar, Lido-Heckbar mit Aussichtsterrasse, Wellnessbereich mit Sauna, Dampfbad, Whirlpool (Massage gegen Gebühr)

Leider wurden im Zweiten Weltkrieg, unter anderem durch einen versehentlichen alliierten Fliegerangriff 1944, zahlreiche der schönsten historischen Gebäude zerstört. Heutzutage liegen Alt und Neu, übrigens nur ein paar Schritte entfernt von unserer Anlegestelle, dicht beieinander in dieser lebendigen 160.000-Einwohner-Stadt. In der kann man bis zum Umfallen einkaufen dank einer Vielzahl von Warenhäusern und Spezialitätengeschäften. Viel Spaß also in Nijmegen, auch beim Shoppen!«

Rheintaufe mit Abschieds-Flussfieber

»Die Mädels« haben diesmal den organisierten Stadtrundgang gebucht, »damit wir auch alles mitkriegen«, begründet Anne den Beschluss der Gruppe. Beim Mittagessen tauschen sie ihre Eindrücke aus. »Am Hauptplatz ›Grote Markt‹ kann man gut nachvollziehen«, so Rosemarie, »wie die Altstadt vor 1944 mal ausgesehen haben muss.« Gefallen hat ihnen auch das ehemalige Gebäude der Stadtwaage, die »Waag«, mit ihrem stufenförmigen Giebel und die gewölbte Passage zum »Kerkboog« an der »Grote Kerk« St. Stevens. Vom Aussichtsturm »Belvedere« bei den Ruinen des Valkhof-Palastes, neben denen als Kunstobjekt ein riesiger Osterhase thront, haben sie den Blick über Fluss und Stadt schweifen lassen.

Ein Gast ist sogar zur »Rheintaufe« in den Waal gestiegen. »Wetter, feiner weißer Sandstrand und das wieder saubere Wasser haben mich dazu animiert«, sagt er und steigt erfrischt vom Bordfahrrad.

»Noch eine Nacht müssen Sie mit mir schlafen«, scherzt Lutz beim Cocktailempfang zum »Captains Gala-Dinner vor der gewaltigen Duisburger Industriekulisse, »dann sind Sie mich los.« Mit Berliner Humor wirbt er für »Wiederholungstäter«, denen Reise, Schiff, Crew und Service gefallen haben.

750 Kilometer zeigt der Schiffs-»Tacho« am Ende der intensiven Schnupperreise in Köln. Als sich »die Mädels« verabschieden, können sie sich – »vom Flussfieber gepackt« – vorstellen, »das nächste Treffen wieder irgendwo an Bord zu feiern«.

Gut zu wissen:

Fahrplan:

1. Tag: Einschiffung in Köln ab 15.00 Uhr, Ablegen zu Tal: 16.00 Uhr;

2. Tag: Anlegen Amsterdam: 8.00 Uhr (Ausflüge: Stadt- u. Grachtenrundfahrt, Den Haag und Delft; private Erkundungen zu Fuß und per Rad);

3. Tag: Ablegen 4.30 Uhr, Anlegen Volendam: 8.00 Uhr (Ausflug: Windmühlen und Käse), Anlegen Hoorn 15.30 Uhr (private Erkundungen zu Fuß und per Rad), Ablegen: 19.00 Uhr;

4. Tag: Anlegen Nijmegen: 7.00 Uhr (Stadtrundgang, private Erkundungen zu Fuß und per Rad), Ablegen: 14.00 Uhr mit Rheinfahrt zu Berg;

5. Tag: Anlegen Köln 7.00 Uhr und Ausschiffung bis 9.30 Uhr.

Veranstalter: *www.1avista.de*

WHISKY-DUFT IN DER LUFT

Unter Charter-Segeltuch mit »Lady SARAH« quer über die Nordsee

37 Fuß lang und schneeweiß – ein Prachtstück, unsere SARAH. Der Nachbar nennt sie sogar einen »Mercedes« ihrer Klasse. So schwärmen können nur solche, die »auf Droge Segeln« sind.

Das sagten sich drei Hobbysegler auch. Kaum angekommen, staunt der Skipper: »Ich glaub, ich bin im Wald!« Man fühlt sich wie umzingelt – von Hunderten Masten. Gemeint ist die moderne Marina Ijsselmeer. Ringsum gemütliche Plattbodenschiffe mit den typischen Holzschwertern an den Seiten.

Durch die Phalanx der Alu-Masten schimmert glitzernd und friedlich das Friesische Meer. Ein sonniger Frühlingstag, der geradezu aufs Wasser hinauszieht.

Zweiter Geburtstag

Im Mai herrscht noch ruhiger Vorsaisonbetrieb. »Eure SARAH ist nach der Winterpause gerade erst wieder einsatzklar gemacht worden«, sagt Marinamitarbeiter Gerrit –, »damit seid ihr die ersten in diesem Jahr.« Noch eine Überraschung: Am Tag unserer Übernahme hat sie ihren zweiten Geburtstag. »Das wird heute Abend gefeiert«, beschließt das dreiköpfige Team spontan. Nur womit?

Die Entscheidung muss verschoben werden, denn Gerrit bittet zur Einweisung. Sechs Ohren – damit mehr Lernstoff haften bleibt – lauschen seinen

Infos

Boot: Bénéteau Oceanis 37, 11,47 m Gesamtlänge, 3,91 m Breite, 1,90 m Tiefgang, Gewicht 6,4 t, Masthöhe 16,70 m, Großsegel 33,0 qm, Rollgenua 32 qm, Maschine 29 PS, Kraftstofftank 140 l, Frischwassertank 346 l, Fäkalientank 80 l, 3 Kabinen (6 Kojenplätze), 1 Salon, 1 Du/WC, Pantry mit Gasherd und Backofen, GPS, Autopilot, UKW-Seefunk, elektr. Seekarte, Logge, Echolot, 230-Volt-Steckdose, 12-Volt-Steckdose in der Navi, Einleinen-Reffsystem, elektr. Ankerwinsch, Traveller mit Leinenführung, Sprayhood, Bimini-Sonnendach, Cockpitdusche, Badeplattform

knappen Erklärungen. Bloß keine Scheu haben, immer wieder nachzufragen, wenn etwas nicht genau kapiert worden ist. Zum Glück gibt es für diesen Unterricht keine Zensuren. Aber auf See ist man allein mit Boot und Technik, die verstanden sein will. »Zur Not«, sagt Gerrit, »könnt ihr mich ja anrufen.«

Als das Gepäck in den Schapps der drei Kammern verstaut ist und die Kojen bezogen sind, ist Zeit zum Probesitzen in der Plicht. Und natürlich zur gemeinsamen Törnplanung beim Studium der Seekarten. Das Auslaufen wird erst einmal verschoben – »auf morgen irgendwann nach dem Frühstück«, verständigen wir uns.

Einschläferndes Wellengluckern

Eine Liste wird zusammengestellt, was drei völlig unterschiedliche Mäuler so für eine Woche brauchen. Dann aber nichts wie los! Auf der Pier stehen große Einkaufswagen. Wir schnappen uns einen und rasseln los downtown ins gemütlich-friesische Städtchen Lemmer mit seinen Kanälen, Zugbrücken und Puppenstuben-Häuschen. Auch ein Supermarkt findet sich schnell.

Pro Kopf kommt »Stoff« für 85 Euro zusammen. Der Wagen wird proppenvoll. Damit zockelt man halb schiebend, halb ziehend zum Liegeplatz. Unterwegs begegnet man weiteren Crews auf Shoppingtour. Nach zwei Stunden ist alles stampf- und rollsicher an Bord verstaut.

Die elfeinhalb Meter lange BÉNÉTEAU OCEANIS 37 bietet ausreichend Stauraum. »Hätte ich nicht gedacht«, staunt Felix und entkorkt eine Flasche Roten.

»Gute Reise!« Auf die stoßen wir an und vergessen nicht, einen Schluck Genever Rasmus zu opfern. Wir sind überzeugt, damit unseren Teil zu seiner Besänftigung getan zu haben. »Na, mal sehen«, gibt Ute eher abwartend zu bedenken, genießt aber nicht weniger fröhlich den Wein. Danach eine lange Bauernnacht mit einschläferndem Wellengluckern unterm Kiel.

Blick in den Salon

Wat mut, dat mut!

Frühstücken, aufklaren und Vorbereitung zum Auslaufen. »Du gehst nach vorn«, weist Ute den Mitsegler ein und löst die Leinen, »Felix besetzt das Ruder.« Der startet die Maschine und legt den Gashebel auf ganz langsam voraus. Mit knirschenden und quietschenden Gummifendern schiebt sich SARAH im Zeitlupentempo aus ihrer engen Parklücke und dreht auf ein Hart-Backbord-Manöver willig ins Marinabecken.

»Wir fahren!«, entfährt es den Dreien fast gleichzeitig, ein guter Start für die SARAH-Crew, die sich noch zusammenraufen muss. Gemeinsam gesegelt ist man noch nicht.

»Auslaufen 14.00 Uhr mit Kurs Nord bei südöstlichem Wind Bft. 5«, notiert Ute ins Logbuch, das sie fortan akribisch führt: »Wat mut, dat mut!«

»Segelsetzen!«, heißt es dann. Rollfock und -groß werden per Winsch und Hand über Hand »ausgewickelt«. SARAH legt sich elegant auf die Seite und rauscht los.

Keiner hat heute Nacht Lust, in eine laute Marina einzulaufen. Die Entscheidung fällt zugunsten eines sicheren, ruhigen Ankerplatzes. Also elektronische Seekarte im Steuerstand abgleichen mit den Fernglasblicken. »Da vorn«, zeigt Ute voraus, »das könnte unsere Bucht sein.«

Nächtliches Orgeln

Nach acht Seemeilen unter goldrotem Abendhimmel heißt es »Segel bergen, Motor an!« Das Echolot zeigt knapp vier Meter Wassertiefe. »Gut so, lass fallen Anker!« Felix entscheidet sich für ausreichend Sicherheitsabstand zum Ufer, »damit das Boot schwojen kann und seinen Drehkreis behält«. 50 Meter Kette, alles, was wir haben, rauschen

ins Wasser. Mit rückwärtslaufender Maschine zieht »Sarah« die Kette straff. »Der hält«, sind wir uns einig, »aber bitte immer, auch nachts, den Anker beobachten, ob sich unsere Position verändert«, weist Ute in die Pflichten eines Ankerliegers ein. Weithin strahlt der mit seiner Rundumleuchte auf dem Masttopp. Die Crew ist allein. Eine Bucht ganz für sich zu haben, das kann keine Hafenpier überbieten. Und niemand kommt zum Kassieren.

Die Badeleiter wird ins Wasser geklappt und eine erste Schwimmrunde probiert. 15 Grad zeigt das Display am Ruder. »Ich geh erst rein, wenn eine Zwei vorn steht«, schüttelt sich Felix.

Bei Klönschnack und Rotwein zwischen »Jolle und GORCH FOCK« klingt der erste Abend unter blankem Sternenhimmel aus. Die Lichter eines kleinen Fischerdörfchens flackern herüber.

Bis es irgendwann nachts anfängt zu orgeln. SARAH Rigg pfeift nervös, ihr Rumpf schüttelt sich. Die Unruhe treibt alle fast gleichzeitig aus den warmen Kojen an Deck. Über die tischebene Marschlandküste greift ein kalter Wind nach dem Boot, dreht es und lässt es wie ein Spielzeug wippen. »Hält der Anker?«, bewegt jeden die bange Frage. Bis zum Morgen findet niemand mehr richtig in den Schlaf.

Automatik mit Ruhepause

Schreck am Morgen: SARAH driftet, der Anker schleift haltlos über den Grund. Durchziehende Böen rauen die See wie eine Patchworkdecke auf, rütteln an Boot und Kette. Das gegenüberliegende Ufer kommt bedrohlich näher. Zum Glück zeigt das Echolot genügend Wasser unterm Kiel. »Maschine starten und Anker auf, aber dalli!«, ruft Ute und stürzt nach vorn. Schleppend wickelt sich die scheinbar endlose Kette über die Winde in den Kasten. »Das war knapp!«, findet Felix.

Unter Vollzeug schießt SARAH aus der halbmondförmigen Bucht. Vom Festland her nähert sich eine Kavalkade weißer Dreiecke. Es ist Sonntag, Segeltag. Schaumkämme sprenkeln die Wellenkämme. Genua und Groß müssen dichter geholt werden. Felix überlässt jetzt dem »Eisernen Steuermann« das Ruder. Die Automatik gönnt ihm eine Ruhepause.

Schäumendes Kielwasser signalisiert gutes Tempo.

Bis der Abschlussdeich voraus in Sicht kommt und die Schleuse Kornwerdersand. Durchs Wattenmeer mit tückischen Sänden und Bänken fädelt Felix SARAH zwischen den Inseln Terschelling und Vlieland hindurch. »Hier muss man höllisch aufpassen!«, ruft er gegen den Wind mit Blick auf den Segeldom über uns. Dann nimmt uns die Nordsee in Empfang.

Orgel- und Pfeifkonzert

Achteraus ist kein Segel mehr zu sehen. »Die haben sich alle verkrümelt«, grinst die segelerfahrene Ute und freut sich auf einen »zünftigen« Mehrtagestörn über die offene See. Starkwind aus Südost beschert Gänsehautgefühl. Der Radio-Wetterbericht hat ihn nicht angekündigt. Zu Drei-Meter-Bergen türmt sich die See auf, die das Boot von der Seite angreifen und es Berg und Tal fahren lassen. Die graue Nordsee steigt gleich mit ins Boot und kriecht durch die Kragen unserer Jacken. Ein Glück, dass in der Bootsmitte

Schlingerleisten angebracht sind, sonst gäbe es kein Halten mehr in der überspülten Plicht. Die Crew erlebt ein Orgel- und Pfeifkonzert, das sich gewaschen hat. SARAH mittendrin. Wie würde das ein befreundeter Kapitän kommentieren: »Segeln ist die teuerste Art, unbequem Urlaub zu machen.« Ist doch nicht so weit hergeholt, oder? Doch es hilft alles nichts, auch keine Sprüche: Überstehen ist jetzt alles!

Plötzlich ein hässlicher Knall, der uns in die Glieder fährt. Der fingerdicke Niro-Schäkel am Schothorn des Großsegels hat seinen Geist aufgegeben und sich den brachialen Naturkräften gebeugt. Im wahrsten Sinne des Wortes, denn der Wind hat die stählerne, normalerweise sehr stabile U-Form gerade gebogen. »Das kriegen wir wieder hin!«, brüllt Ute zuversichtlich gegen den Sturm und turnt mutig mit Bändsel und Takelmesser barfuß aufs Salondach.

Whisky in der Regenluft

Am frühen Morgen steckt SARAH ihre schlanke Nase in den Firth of Forth. Nach vier Segeltagen und rund 350 Seemeilen wird Rosyth in der Nähe von Edinburgh, dem »Athen des Nordens«, angesteuert. Das Wetter, natürlich ein schier unerschöpfliches Thema auf der Insel, ist typisch: Nieselregen, windzerzauste Wolkenfetzen und grauer Himmel. »Das haben wir ja vorher gewusst und uns drauf eingestellt«, lächelt Ute. Regenjacke und -hose sind auch an Land obligatorisch. Das schreckt die vorpommersche Frohnatur Ute nicht. Der fröhliche schottische Hafenmeister der Marina setzt noch einen drauf: »Wisst ihr,

Norseestrände in Schottland – Mallorca-Konkurrenz

warum wir Schotten so lustig sind? Weil jährlich 60 Millionen Liter Whisky bei der Produktion verdunsten und in der Luft liegen.«

Großbritannien, genauer gesagt Schottland, ist ein vielfältiges Land. Berge, Hügel, Wälder, Inseln, Steilküsten, Strände, Parks und Seen prägen die Natur unseres Nachbarlandes zwischen Nordsee und Atlantik. Und, nicht unwichtig: Immer wieder begegnet man freundlichen Menschen, die ihre jahrhundertealten Traditionen und Marotten liebevoll pflegen.

SARAH hat eine Ruhepause verdient, während sich die Crew zum Landgang in die Umgebung aufmacht.

Friesisches Mittelmeerfeeling

350 Seemeilen zurück zur holländischen Küste. Die Sonne brennt, und der Wind schläft. Weil die Zeit davonläuft, hilft leider nur eins: Motor an – was eigentlich vermieden werden sollte –, Segel bergen und ab zurück durch die große Schleuse in die Marina Ijsselmeer.

Nachdem SARAH sich im Slalom durch das vielbefahrene Verkehrstrennungsgebiet zwischen Deutscher Bucht und Englischem Kanal geschlängelt hat, wird es langsam ruhiger. Containerschiffe, Tanker, Fähren und Fischkutter bleiben achteraus, können SARAH nicht mehr gefährlich werden. Hier ist ihr Revier.

Am Freitagabend herrscht dort Seglerstau, denn Sonnabendmorgen ist bei den meisten Vercharterern Übergabe. Ute hat eine Idee: »Ich fang schon mal mit dem Kochen an.« Den glutroten Sonnenuntergang lässt sie sich aber nicht entgehen, vor allen Dingen nicht das Fotomotiv Felix. Der steht am Steven – und posiert mit ausgestreckten Armen in TITANIC-Manier. Glücklich über die abwechslungs- und erlebnisreichen Törntage mit SARAH – und natürlich seine »Matrosen«.

Nach dem Festmachen in der Marina kommen pünktlich Spaghetti mit Tomatensauce satt auf die Back: das Captain's Dinner. »Na, dann Prost!«, klingen die Gläser, diesmal ohne über Bord gekippte Nordsee-Beruhigstropfen.

Gut zu wissen:

Voraussetzungen:
Sportbootführerschein See, Funkbetriebszeugnis (SRC)

Charter:
Vorabinfo und vertragliche Regelungen über Master-Yachting (www.Master-Yachting.de). Bareboot-Preise der »Oceanis 37« zwischen 1.450 € und 2.610 € pro Woche, je nach Saison.

Literatur:
- *Der erfolgreiche Chartertörn, Planung, Praxis, Reviere, Ludwig Brackmann, Delius Klasing Verlag, ISBN 978-3-7688-3134-5*
- *Hafenhandbuch Nordsee, DSV-Verlag, ISBN 978-3-88412-465-9*
- *Praxiswissen für Chartersegler, Wilfried Krusekopf, Delius Klasing Verlag, ISBN 978-3-87412-187-3*

Die Garde von Schloss Windsor marschiert auf.

DAS BOOT – AUFGETAUCHT ZUR QUEEN NACH WINDSOR

Themse-Hausboot-Törn auf königlich-englischen Wasserpfaden

»So viel Komfort auf knapp zwölf Metern!?« Lisa ist, obwohl waschechte Berlinerin, »einfach nur platt«. Sie geht das erste Mal mit auf eine Wasserpartie. Blacky, auch er unüberhörbar aus der Hauptstadt, erwidert nur trocken: »Hab ick dir zu ville versprochen, Mädel?«

Der schneeweiße, fast 13 Meter lange Le Boat-Liner lässt das Herz jedes Charterbootkapitäns und seiner Crew höher schlagen.

Von der an Oberdeck gelegenen Brücke, der »Flying bridge« – da hat man Überblick! –, dirigiert der Skipper »seinen Dampfer«. Als hätte er das schon immer getan. Dabei hat »Fahrschullehrer« Robert ihm – auf Englisch natürlich – in nur knapp drei Stunden eine Lektion erteilt: wie man Hausboot fährt. Eine Übungsrunde gehört auch dazu.

Um das An- und Ablegen unfallfrei zu bewältigen, sollte jeder bei der Einweisung während der Bootsübergabe besonders aufpassen. Denn wenn die in ihrer Leistung gedrosselten Boote auch keinen Bootsführerschein erfordern – ohne gründliche technische Einweisung geht es nun mal nicht. Ein Boot ist kein Auto und reagiert nach den physikalischen Gesetzen der Trägheit.

Elegantes Drehmanöver

»Klar vorn und achtern!«, gibt der Skipper von oben herab schließlich das Kommando. Die »Vollmatrosen« Blacky und Bernhard lösen die Leinen, die sie vorher unter Anweisung fachmännisch festgemacht haben. Der »Kopfschlag« klappt nach einigem Probieren. Beim Abwärtsschleusen braucht man ihn nicht. Da müssen Vor- und Achterleine locker durch die Hand gleiten. »Sonst hängt ihr euch auf«, hat Robert grinsend gewarnt, »da hilft dann nur noch ein Küchenmesser, um die Leinen zu kappen.«

Zentimeter um Zentimeter schiebt sich die CLASSIQUE STAR aus der Parklücke der Marina Penton Hook. Das Hart-Backbord-Drehmanöver gerät etwas zu »elegant«, sodass ein Baum am Ufer Äste (an Deck) lassen muss. Aber dann: Stopp schon nach rund 400 Metern um die Ecke. Die erste Schleuse, Prüfstein für die Crew. Nur Mut, Freunde! Siehe da, das Einlaufmanöver klappt schon ganz ordentlich. Ein leichtes Rumsen beim Festmachen? Hat niemand gehört. Und der Schleusenwärter lächelt dazu. Er kennt seine Pappenheimer. Freundlich erklärt er die Bedienelemente der Schleuse – falls der Kollege nicht mehr da oder verhindert ist. Der Mann mit den gemütlichen Rundungen hat Zeit und gibt uns noch Tipps für den ersten Übernachtungsplatz. Die Sonne vergoldet den Fluss. Auch das ist gut für die Einstiegsstimmung.

Majestätisches Selbstvertrauen

Ein paar Kilometer weiter, dann kommen an Backbord graue Türme und Zinnen in Sicht. Ein Bobby mit Helm und Land-Rover hält einsam die Wacht an der Themse. Schilder verkünden »Royal property« – königliches Territorium, »no mooring« – Anlegen nicht erlaubt. Über Schloss Windsor flattert der königliche Stander. Her Majesty sind auf ihrem Lieblingsschloss zu Besuch. Der Bobby grüßt lässig zurück, beobachtet uns aber scharf.

In dem gegenüberliegenden Ort Datchet wird vorwärts zwischen anderen Booten eingeparkt. Problemlos lässt sich der schnittige »Liner« an die Wartepfähle legen. Wer hier mit PS statt Gefühl agiert, der havariert. Die CLASSIQUE STAR-Crew hat das schon längst kapiert, und das Selbstvertrauen in maritime Fähigkeiten steigt.

Dank Frischluftkur schieben alle vier einen »fürchterlichen Kohldampf«. Da muss sofort Abhilfe her. So bleibt die Bordküche heute kalt, und wir stiefeln an Land. Beim Italiener speisen wir königlich. Zufrieden und satt fallen die Neuseeleute in ihre gemütlichen Kojen.

Mit Tüten und Taschen bewaffnet, wird am Morgen der nächste Supermarkt angesteuert. Nicht ohne dass der Skipper zuvor in den Themsefluten abgetaucht ist. »Zur Erfrischung«, wie er anschließend leicht bibbernd sagt. Die anderen haben ihre warmen Duschen vorgezogen.

Erst mal heißt es Verpflegung bunkern für drei bis vier Tage. So lange wollen wir auf der Themse von Chertsey westlich des Flughafens Heathrow bis hinter Henley unterwegs sein. Ein rund 60 Kilometer langer, mit 15 Schleusen bestückter Schnupperkurs auf Englands »beliebtestem und schönstem Fluss«, wie ein Gewässerführer informiert. Insgesamt könnte man ihn auf gut 300 Kilometern als Hausbootskipper ohne Patent befahren. Mit verlockenden Aussichten, wie Karten und Routenplaner versprechen.

Das gratis Schleusentheater lockt immer.

Gemütliches Mittagessen im Salon

Kleine Kombüse – große Ergebnisse

Schleusen-Theater

Frühstück im Salon. Der duftet herrlich nach frischem Kaffee, Brötchen, Eiern und Speck. Und dazu Schloss Windsor samt Park gratis dazu. Am Vormittag wollen sie es mit eigenen Augen sehen, das königliche Anwesen und die prächtige Wachablösung der Bärenfellmützengarde. An einer Wiese wird festgemacht. Zwei Eisenheringe in den Boden gerammt, die Leinen durch die Ösen gefädelt und an Bord belegt. Fertig zum Landgang. Über die CLASSIQUE STAR zieht brummend ein Airbus A 380 hinweg. Als würde das weltgrößte Flugzeug dem Schiffchen seine Referenz erweisen. Ruderboote mit Collegestudenten – Eton liegt einen Steinwurf entfernt – bevölkern den Fluss. Man nimmt Rücksicht auf sie, was dankbar quittiert wird.

Hin und wieder kommt man an den Liegeplätzen mit Wanderern ins Gespräch, die sich den idyllischen Themsepfad parallel zum Fluss vorgenommen haben. Ein besonderes Vergnügen ist offenbar das »Schleusengucken« für sie. Die Zuschauergalerien sind überall gut belegt. Sonniges Themse-Theater, wobei Hausbootskipper die Akteure geben, deren Manöver anscheinend zu »spektakulären Dramen« geraten können. Nicht bei uns!

Mittagspause im Städtchen Marlow bei Macdonald. Nicht doch, kein Fastfood, sondern britisch vornehm im »Compleat Angler«. Macdonald heißt nur der Besitzer. Das gediegene historisch bedeutsame Etablissement besuchte auch schon die Queen. Das war 1999 – und ihr erster öffentlicher Restaurantbesuch. »Da legen wir an, direkt an der Terrasse«, entscheidet der Skipper, »als CLASSIQUE STAR steht uns das zu.«

Neugierige Seh-Leute

Feierabend nach sieben Stunden Dieseln mit 68 PS. Neben prächtigen Landsitzen und kuscheligen Dörfern säumt immer mehr Natur pur den Kurs. Greifvögel, Reiher, Eisvögel, aber auch Kühe mögen den Fluss.

In erster Linie haben in diesen frühlingshaften Tagen Revier samt Boot gereizt: Englands Fluss par execellence per »Luxusliner«. »Das Gewässer bildet ein abwechslungsreiches Landschaftsbild«, so der Bootsatlas, »da kaum einer der zahlreichen Flussmäander samt dessen Saumlandschaft dem anderen gleicht.« Das hat neugierig gemacht. Vor- und Nachsaison eignen sich am besten für eine Schnuppertour. »Im Hochsommer müsst ihr euch vor den Schleusen auch schon mal auf längeres Warten gefasst machen«, warnt später ein Schleusenmeister. Abgesehen von weniger Ruhe und höheren Charterraten.

Ein munterer Ostwind hat den Flusssspiegel aufgeraut. Frisches Waldgrün in verschiedenen Schattierungen spielt Horizont. Zwischen den Stämmen drängeln sich Freizeithütten ans Licht, zahlreiche Boote dümpeln noch verlassen an den Stegen. Fliederdüfte liegen in der Luft.

Das weite Wiesenufer vor Henley lockt zum Übernachten. Aber auch ein Rundgang durch das fußläufige idyllische Örtchen. Der »Sundowner« in Form von ein oder zwei Pint Bier oder rauchig-torfigem Whisky in einem typischen Pub muss einfach sein.

Heute schmurgelt es etwas später in der Kombüse. Lisa und Bernhard stehen am Herd und spendieren schon mal ein Glas Rotwein als »Appetizer«. Leckere Düfte lassen Gaumenfreuden ahnen. An den Abwasch denkt noch keiner.

Honigmond blinzelt

Der Abend klingt am frühen Morgen aus bei Kerzenschein im gemütlichen Salon. »Wie klar der Sternenhimmel ist«, sinniert Blacky im Dunkel des geöffneten Salondachs. Leise plätschern Themsewellen gegen den Rumpf – eine traumhafte Einschlafmelodie in kuscheligen Kojen. Der Wind lässt die Blätter rauschen, durch die der Honigmond blinzelt.

Ein ruppiger Wind spielt mit dem Boot, das sich am Ufer schubbert. Die Leinen knarzen dazu. »Restaurant mit See- und Grünblick«, kommentiert Bernhard, »so was hab ich auch noch nicht erlebt.« Kuckuck und Nachtigall schicken ihre Melodien vom Wald her über das Gewässer.

Am Morgen tröpfelt Regen gegen die Scheiben. Trocken und warm lässt sich's vom unteren Fahrstand aus navigieren – mit Panoramablick auf Wälder, Wiesen und Felder. Im Zehn-Kilometer-»Tempo« tuckern wir dahin. Später lacht auch wieder die Sonne dazu.

Geruhsam steuern wir durch die malerische Landschaft mit den sanften Buckeln der Chiltern Hills an Steuerbord. Die Langsamkeit wiederentdeckt zu haben ist allen bewusst. »Nur so saugst du diese Eindrücke auf«, meint der Skipper und drosselt den Diesel auf lärmarme und sparsamste Touren.

Ein südseereifer Sonnenuntergang – »fehlen nur noch die Palmen, stattdessen Pappeln!«, grinst Bernhard – macht uns den Abschied, der unwiderruflich droht, schwer. Der romantisch beleuchtete Himmel erinnert an Werke des großen englischen Malers William Turner.

Noch zehn Kilometer bleiben tags darauf bis zum Anlegen. »Ich hab mich so an das entspannte Fahren und Schauen gewöhnt«, gesteht Lisa, »da könnte ich glatt weitertuckern.« Blacky sieht die Reise globaler: »Aus der Wasserperspektive hast du eine andere Weltsicht, irgendwie erscheint einem alles freundlicher und schöner.«

Da freut der Skipper sich, hier »richtiger Kapitän« gewesen zu sein.

Gut zu wissen:

*Die **Themse** ist ein durch Südengland (und London) fließender 346 km langer Fluss, der bei Southend in die Nordsee mündet.*

***Bootsvercharterung**:*
Le Boat ist seit 2008 Dachmarke der drei Spezialisten Crown Blue Line, Connoisseur und Emerald Star. Das Unternehmen verfügt über die größte Auswahl an Bootsferien auf den schönsten Wasserwegen Europas. Über 1.000 Hausboote, die nach einem System klassifiziert wurden, stehen an 41 Abfahrtsbasen in acht europäischen Ländern zur Verfügung. Der Nutzer kann wählen unter mehr als 200 Tourenvorschlägen für führerscheinfreien Hausbooturlaub. Alle Boote mit Platz für zwei bis zwölf Personen sind einfach zu steuern. Sie bieten einen geräumigen Salon, separate Schlafkabinen, Duschen mit fließend Kalt- und Warmwasser, komplett ausgestattete Kombüse und viel Stauraum. Vom Besteck und Geschirr bis zu Bettwäsche und Handtüchern steht alles an Bord bereit. www.leboat.de
***Reisezeit:** Frühjahr bis Herbst*
Literatur:
- *Polyglott »England«, ISBN 978-3-493-55715-2*
- *Gewässerkarte Großbritannien, Edition maritim*

ROYAL CLASSIQUE
vor Schloss Windsor

RIESENFLIEGER IM BAUCH

Airbus lernt schwimmen zwischen Elbe und Loire

»Kennst du Klaus?« Darauf die verblüffte Antwort: »Nee!« Doch der Frager lässt nicht locker: »Dann meld dich mal bei ihm, wenn du da bist!« *Der Autor hat das nicht getan. Dafür hat er erlebt, dass der A 380 erst schwimmen lernen muss und dann fliegen darf.*

Kurz zuvor: Der 150er-Bus vom Bahnhof Altona rollt durch den Hamburger Vorort Finkenwerder, quert irgendwann die Rudolf-Kinau-Allee. Sein Bruder, Johann Wilhelm Kinau, nannte sich Gorch Fock, der bekannteste niederdeutsche Dichter. 1912 schrieb er den berühmt gewordenen Roman »Seefahrt ist not!«. Hinter der Scheibe huscht sein Geburtshaus am Nessdeich 4 vorüber. Früher stand es an der Peripherie des beschaulichen Elbe-Fischerdorfes, heute duckt es sich hinter dem Zaun des größten deutschen Flugzeugwerkes. Die entgegenkommenden Lastzüge werben dafür: »Wir fahren für Airbus«. So steht es auf ihren Flanken.

Qunatas-A380 fliegt über die CITY OF HAMBURG hinweg.

Gorch Fock hätte mehr als gestaunt über das, was da heute, sozusagen im Schatten seines Elternhauses, geparkt ist: das weltgrößte Flugzeug A 380. Die alles überragenden bunten Leitwerke weisen auf ihre internationalen Auftraggeber hin. Von den Emirates über Quantas bis zur Lufthansa. Es ist gerade ein paar Tage her, dass die erste Maschine mit dem Kranich-Logo auf dem werkseigenen Flughafen auf den Namen »Frankfurt am Main« getauft worden ist.

Verhüllter Christo

Am Werkstor ist die Frage nach Klaus schnell abgehakt. Ein scheckkartengroßer Besucherausweis legitimiert schließlich dazu, den Shuttlebus zu besteigen. Am Ende eines Tunnels, über den die Rollbahn verläuft, taucht man ein in eine weitläufige Hallenlandschaft.

Plötzlich, mitten auf der Straße, Flugzeuge. »Abgestellte Schaustücke«, erklärt der Fahrer seelenruhig. Um die Ecke eine weitere Überraschung: Flugzeugteile, festgezurrt auf Tiefladern. Ein europäisches Airbus-Puzzle aus Flügelstücken, Rumpfsektionen und Leitwerken, bereit zum Verladen.

Rumpfsektionsverladung in Hamburg-Finkenwerder

»Da sind wir!« Der Bus stoppt neben einer tintenblauen Wand. Beim Aussteigen wird man fast erschlagen von den riesigen weißen Lettern »Airbus on board«. Klaus winkt lässig von seinem Wachhäuschen herab und wünscht gute Reise. Aha, also das ist Klaus!

Etwas ratlos steht man vor einem großen schwarzen Loch mit Klappe. Weit hinten im Dunkeln etwas wie von Christo Verhülltes: die Ladung. Unter der schützenden Plane zeichnen sich markante Umrisse ab: unfassbar hoch und raumfüllend, Teile des Riesenvogels A 380.

Weit und breit kein Mensch. Bis einer wie aus dem Nichts auftaucht: roter Overall mit LDA-Reederei-Logo auf der Brusttasche und weißem Schutzhelm. Er entpuppt sich als Matrose des RoRo-Frachters CITY OF HAMBURG. Der braunhäutige Mann zeigt strahlend seine weißen Zähne und fragt nach dem Begehr des Besuchers. »We are lucky«, sagt er, dass das Schiff einen Fahrstuhl habe, »bei zehn Decks zu viele Treppen.« Trimmübungen hat der schlanke Mann von den Philippinen nun wahrhaftig nicht nötig.

Die Außentüren sind durch Codeschlösser gesichert. Allein die Überführung des hochmodernen Frachters von der Werft in Singapur Ende Dezember 2008 mitten durch piratenverseuchte Gewässer hat das für die Crew überlebensnotwendig gemacht.

A380-Sektionen im Laderaum der CITY OF HAMBURG

Bester Logenplatz

»Bienvenu à bord, welcome aboard!«, heißt einen der Commandant, wie sich der sehr zivil aussehende Kapitän vorstellt, freundlich und zweisprachig willkommen. Dupré de Boulois aus Paris, ein Adliger sogar, gewissermaßen Meerwasser-blaublütig. Passt zur Ausstrahlung und Figur. Zwar ein gewichtiger Mann, aber mit nur wenig Ladung an Bord: gerade mal 60 Tonnen, sagt er und ergänzt, dass man schließlich kein Bulkcarrier mit Massenladung sei. Flugzeuge müssen leicht sein. Im Gegensatz dazu steht die offizielle Typenbezeichnung »High Heavy Vehicle Carrier«, ausgelegt also für hohe, schwere Fahrzeuge.

Zweiter Offizier Loic Fernagut zeichnet für die notwendigen Formulare verantwortlich, die einige Unterschriften vom Passagier verlangen. »Sorry!«, meint er halb entschuldigend, »aber das ist international vorgeschriebenes Reglement.«

Der junge Mann aus der Bretagne übernimmt auch die Einweisung in die Schiffssicherheit, die mit einem Rundgang durch die oberen Decks verbunden ist. »Weiter unten ist das nicht notwendig, da sind nur Stellflächen.« Das Schiff könne nämlich auch »ganz normal« als Autotransporter eingesetzt werden.

Flugzeugproduktion in Hamburg-Finkenwerder

Der unverbaute Blick aus dem Fenster der (Passagiers-)Lotsenkammer verleitet zum Schwärmen: über die von allerlei Schiffen befahrene Elbe auf das Blankeneser Villenviertel. Für Hamburger Hafenverhältnisse geradezu ein Logenplatz. »Die da drüben«, zeigt Loic auf die teuren Häuser, »schauen nur auf das Airbus-Werk und müssen auch noch viel dafür bezahlen.« Der Passagier hingegen hat es besser, darf das aber auch nur ein paar Stunden lang genießen.

Gesunde Policy

Im Gang pfeift jemand fröhlich, ausgerechnet ein Wasserschutzpolizist. Ob er denn nicht wisse, wird er angefrotzelt, dass das das nach altem Seemannsaberglauben Unglück bringe? »Ich fahr doch nicht mit!«, grinst er breit und stapft mit seinem Aktenkoffer ins Schiffsbüro, wo der Kapitän schon wartet.

Aus der Kombüse um die Ecke dringt aufgekratzter Gesang auf den Gang. Chef-

Infos

Schiffsdaten MS City of Hamburg:

Bauwerft: Singapore Technologies Marine; Baunummer: BO 615; Kiellegung: 17.9.2007; Ablieferung: 4.12.2008; erstmals in der Patenstadt Hamburg: 28.1.2009; IMO-Nr.: 9383558; Eigner: ANITA SNC, Bereederung: LOUIS DREYFUS ARMATEURS SAS und Hoegh, Norwegen (gemeinsam mit LDA-Logo am Schornstein), Betreiber: FRET CETAM; Charterdauer: 20 Jahre; Heimathafen: Marseille; Flagge: Frankreich; Schwesterschiffe: Ciudad de Cadiz, Ville de Bordequx (etwas größer, in China gebaut); bediente Rundreisehäfen mit Airbus-Rumpfsektionen: Hamburg, Mostyn/Wales, Cadiz/Spanien, Saint-Nazaire, Pauillac/Frankreich

Technische Daten: Länge: 126,47 m; Breite: 20,64 m; Tiefgang (max.): 5,50 m; Seitenhöhe bis Hauptdeck: 19,65 m; BRZ: 15.643; Deadweight: 3.564,3 t; Typ: RoRo-Vessel, High Heavy Vehicle Carrier (Klassifizierung durch Bureau Veritas); Ladefläche: 9.400 qm; Maschinen: 2 x MAN B & W à 2.940 kW (8.000 PS); Dieselgeneratoren: 2 x (STX à 970 kW); Wellengeneratoren: 2 x LEROY à 1.000 kW; Geschwindigkeit: 17,5 Knoten (Verbrauch dabei max. 36 t/Tag); Bugstrahlruder: Rolls-Royce (750 kW); Verstellpropeller: Schottel

Crew: 19

Airbus A 380-800-Superlative:

220 Kabinenfenster, 16 Türen, 22 Räder (2 Bug, 20 Hauptfahrwerk), ca. 530 km Kabel, ca. 100.000 Einzelkabel, ca. 40.300 Stecker, ca. 550 qm Teppich, 18.000 Nieten und Bolzen verbinden Rumpf und je 28 Tonnen schwere Tragflächen, rund 4 Millionen Einzelteile von 1.500 Firmen aus 30 Ländern weltweit sind in der A 380 verbaut, Anmeldung von 380 Patenten im Rahmen der Entwicklung, Länge: 72,2 m, Spannweite: 79,8 m, Höhe: 24,1 m, Tragflächen: je 846 qm, Rollout: 18.1.2005, Erstflug: 27.4.2005, Sitzplätze: 526, Tankkapazität: 310 t (Verbrauch pro Passagier u. 100 km: 3,4 l), max. Startgewicht: 569 t, Reichweite: 12.000 km, Reisegeschwindigkeit: Mach 0,85, Stückpreis für das größte Passagierflugzeug der Welt: 346 Millionen Dollar.

Mittags in der Offiziersmesse

José-Walter mit riesiger weißer Kochmütze und Messesteward Rolando üben im Koch- und Spülduett für den Karaoke-Abend auf See. Die motivierenden Begrüßungsworte, dass ihre Arbeit für die Stimmung an Bord wichtig sei, nehmen sie dankbar und bescheiden strahlend zur Kenntnis.

Der Zweite antwortet auf die Frage, wie es denn um die berühmte französische Küche an Bord bestellt sei: »Das müssen sie noch lernen, aber sie geben sich jedenfalls redlich Mühe, es uns recht zu machen.«

Zum Mittag bedient sich jeder im Self-Service an der Kombüsenluke, auch der Commandant höchstselbst. Chefkoch José-Walter füllt die Teller mit Tintenfisch und Tomatensauce, als Vorspeise gibt es Thunfischpizza, von der allein man schon satt wird, dazu Salat und zum Dessert Kuchen mit Schlagsahne. Geradezu üppig für ein unspektakuläres Werktagsessen. Es ist nicht mal Donnerstag, »Seemannssonntag«.

Zum Käse mit Baguette kein Rotwein? »Unser Schiff ist trocken«, bemerkt Chiefofficer Gautier Padellec, »nach zwei Monaten Fahrtzeit ist hier jede Leber wieder topfit.« Aber Spaß beiseite: »Natürlich betreibt unsere Reederei Louis Dreyfus diese Policy aus Sicherheitsgründen.« Stattdessen gebe es Softdrinks gratis, so viel man mag. Gut auch für die Gesundheit.

Hypermodernes Design

Pünktlich um 15 Uhr parkt Kapitän Arnaud Dupré de Boulois den knapp 127 Meter langen 16.000-Tonner rückwärts aus und dreht hinter dem vorbeirauschenden Container-Feederschiff WMS Groningen in die schäumend zum Hochwasser auflaufende Elbe. Am Ufer bleiben die Spaziergänger stehen, als »ihr« Schiff – Hamburg ist schließlich Patenstadt – ausläuft. Schon am 8. Mai war sie als prominenter Gast bei der Parade zum 821. Hafengeburtstag dabei – auf »Augenhöhe« mit der Queen Mary 2. Es war der Tag, an dem die City of Hamburg offiziell vor den St.-Pauli-Landungsbrücken begrüßt wurde. Üblicherweise fährt sie sonst nur bis Finkenwerder.

Die Schiffsbegrüßungsanlage in Schulau verabschiedet den Frachter stilvoll: mit Flaggendippen, Hamburger Hammonia Hymne und der Marseilleise. Da überläuft auch deutsche Rücken ein leiser Schauer. Bis die Klänge im Westwind verwehen, der die Trikolore stolz knattern lässt.

Lotsenwechsel vor Brunsbüttel mit Einblicken in den Nord-Ostsee-Kanal. Der Seelotse erscheint auf der Brücke hanseatisch vornehm in dunklem Anzug mit Weste. Spontan entfährt ihm die Bemerkung: »Auf dieses Schiff wollte ich immer schon mal!«, und staunt ehrlich über den Kommandostand: »Ist das ein hypermodernes Design, passt irgendwie auch zur Ladung!«

Um 21 Uhr, sechs Stunden nach dem Auslaufen, ist das neue Lotsenstationsschiff, der Katamaran ELBE, querab. »Tschüs und gute Reise!«, verabschiedet sich der Lotse mit Handschlag. Ein paar Minuten später steigt er auf das kleine gelbe Versetzboot an der knapp über dem Wasser liegenden Seitenpforte. Über die Wellen tänzelnd und torkelnd nimmt es Kurs auf das weiß-rote Mutterschiff, das weithin sichtbar in den Farben der Lotsenflagge H gehalten ist.

Der Felsklotz Helgoland grüßt an Steuerbord im ockerfarbenen Abendlicht, vor dem sich ein paar zu Anker liegende und wartende Frachter als Schattenrisse abzeichnen.

Blinde Passagiere

CITY OF HAMBURG dampft mit knapp 18 Knoten und Kurs 270 Grad auf dem Verkehrstrennungsgebiet »Deutsche Bucht« genau nach Westen. Zunehmend drücken Wind und Wellen gegen die Backbordflanke. Der Frachter spielt Großsegler und legt sich nachgebend auf die Seite. Die Ingenieure Nicolas Bricout und seinen Kollegen Philippe Briand ficht das nicht an. Ihnen unterstehen zweimal 4.000 Pferdestärken, das Diesel-Doppelherz der HAMBURG. »Obwohl wir mit vier Meter sechzig nur wenig Tiefgang haben«, erklärt der schwarzgelockte Südfranzose Bricout, »macht uns Seegang wenig aus.«. Schließlich habe das Schiff Stabilisatoren wie ein Kreuzfahrtschiff. Für Ballastausgleich und ruhige Lage sorgen maximal 2.040 Tonnen Flüssigkeiten in den Boden- und Seitentanks: See-, Frisch- und Technikwasser sowie Treibstoff. »Von Letzterem verbrauchen die deutschen Maschinen nur 16 Tonnen pro Tag«, ergänzt der Bretone Philippe, »wenn wir mit sechzigprozentiger Auslastung fahren.

Absturzdrama auf dem Bootsdeck: Verzweifelt strampelt ein Maikäfer in Rückenlage und versucht mit ausgebreiteten Flügeln zu starten. Anscheinend ist dem Krabbeltier beim kräftezehrenden Überflugversuch der Nordsee die Puste ausgegangen. Erste müde Kletterversuche unternimmt der putzige Käfer ausgerechnet auf dem A-380-Tischmodell im Besprechungsraum. Wie aus Solidarität hat sich auf dem Rettungsboot ein erschöpftes Taubenpärchen niedergelassen. Unterm Strich sind das drei »Blinde Passagiere« an Bord.

Flugkünste hingegen demonstriert die »Pollution Control«, ein Ölüberwachungsflugzeug vom Typ Do 228 der Deutschen Marine. Im Tiefflug kurvt es dröhnend über die HAMBURG und dreht dann in Richtung Cuxhaven ab zu seiner Basis Nordholz.

Commandant-Kapitän Dupré de Boulois indes bleibt auf dem Teppich. Statt Flugübungen steht, wie jeden Samstag, eine Dienstbesprechung mit seiner Crew an. Heute direkt vor der heimatlichen Küste. Dazu werden echte Crèpes mit Karamellcreme und Sahne serviert. Von Kadettin Justine Choirat mit kundiger Hand hauchzart zubereitet. Auch einer zukünftigen französischen Kapitänin kann das nicht schaden.

Haarsträubende Geschichte

Es brist zunehmend auf, vierkant von vorn, Regenböen waschen die Brückenscheiben, und die Wellenkämme schäumen. »Typisch mal wieder«, brummt Chiefofficer Padellec, hier Capitaine genannt – weil er wie auch der Commandant das entsprechende Patent hat –, beim Blick auf die graue Einheitssuppe aus See und Himmel, »englisches Wetter!«. Der Mann aus der bretonischen Hafenstadt Lorient fuhr zwanzig Jahre in der Fischerei, »hauptsächlich Biskaya und Irische See, das war extrem hart, besonders im Winter«. Hier sei das dagegen wie Zuckerschlecken.

Das meint auch der philippinische Matrose Gaudencio Martinez. Während der abendlichen Acht-Zwölf-Wache berichtet er emotionslos von seiner sechsjährigen Arktis- und Antarktisfahrtzeit auf koreanischen Fischtrawlern. Zu sechst hausten sie in einer eiskalten, engen, muffigen und ständig nach Fisch stinkenden Kammer. Es gab nur eine Dusche für 30 Mann und daher ständig Aggressionen. Bis zu einem Jahr waren die Männer ununterbrochen an Bord, unter widrigsten Wetter- und Sozialbedingungen. Den Job konnte der Familienvater nicht ablehnen, »sonst hätte mich die Crewing-Agentur nie wieder genommen«, sagt er. Ausbeutung pur. »Hier verdiene ich mehr und lebe viel besser«, ist der kleine, drahtige Mann zufrieden. Der Bericht schnürt einem die Kehle zu. Selbst der sonst so gesprächige Wachoffizier Loic ist für ein paar Augenblicke sprachlos. Bis die englische Küstenwache mit ihren Funkanfragen an durchfahrende Schiffe nach dem Woher, Wohin und der Ladung die eingetretene Brückenstille durchbricht.

Am Westausgang des Englischen Kanals empfängt der Atlantik das rund 34 Meter hoch über die Wasserlinie aufragende Schiff mit waagerecht peitschendem Regen und heranrollendem Schwell. Bei jedem Eintauchen in ein langgestrecktes Tal erzittert der Rumpf. So lernen die Flugzeugteile im Laderaum wenigstens einmal die »Freuden« der Seefahrt kennen.

Dennoch: Das sonntägliche Menü mit Steak und Pommes frites samt üppigem, sahnegekröntem Eisdessert genießen alle ausgiebig. Zum Abendessen auch den monströsen Hamburger. Doch in den Schlaf findet dank rapider Sichtverschlechterung keiner so recht. Alle zwei Minuten dröhnt das Nebelhorn einmal lang. Bis Kaffeeduftschwaden durch die Klimaanlage kriechen und die Nacht endgültig gelaufen ist.

Grünes Paradies

Seit sieben Uhr ist der französische Lotse an Bord. Der Rudergänger steuert jetzt nach seinen Gradangaben mit der Hand. CITY OF HAMBURG stemmt sich der braunen Loire entgegen. Vor Saint-Nazaire wird der mit 1.030 Kilometer längste Fluss Frankreichs von einer gewaltigen Brücke überspannt. Ameisengleich kriecht über sie der stockende morgendliche Berufsverkehr. An Backbord ein weißer Riese auf der Werft: der Neubau NCL ECLIPSE, mit 155.000 Tonnen das größte je dort gebaute Kreuzfahrtschiff.

Beim Anlegen hilft die feine Rolls-Royce-Technik des Bugstrahlruders. Commandant Dupré de Boulois schaltet erleichtert die Navigationsgeräte ab, als sein Schiff pünktlich um 8.30 Uhr festgemacht ist. 910 Seemeilen hat es von der Elbe an die Loire unter den Kiel genommen.

Der romantische Teil des wegen seiner zahlreichen Schlösser vielbesungenen Loire-Tals fängt oberhalb der Halbmillionenstadt Nantes an, rund 30 Seemeilen weiter flussaufwärts. Wir sind angekommen im Département Loire Atlantique, dem »Paradis vert« oder zu Deutsch »grünen Paradies«, wie ein Magazin getitelt hat.

Bis zum Abend soll die Ladung komplettiert sein: mit weiteren Flugzeugteilen aus dem in Sichtweite liegenden Airbus-Werk von Saint-Nazaire und dem von Nantes. Endhafen ist Pauillac an der Garonne nördlich von Bordeaux. »Dort gedeiht auch der beste Rotwein«, ist Kenner Dupré de Boulois überzeugt. Für die Airbus-Logistiker kommt der edle Tropfen erst infrage, wenn die beiden nächsten aufwendigen Transportschritte bewältigt sind: per Binnenschiff und Lkw zum Werk in Toulouse.

Zurück nach Deutschland geht es im Stundensprung – mit Airbussen: A 320 und als Steigerung 321. Als der sich in den Himmel von Paris erhebt, lässt er den brandneuen A-380-800-Riesenvogel am Boden schrumpfen. Eins ist sicher: Zur See gefahren sind sie alle drei schon mal, entweder mit der City of Hamburg oder ihren Schwestern.

Gut zu wissen:

Buchung: *Anfragen bei Reederei Louis Dreyfus Armateurs: www.lda.fr*

SEGELN FAST WIE FRÜHER

Vor dem Mast auf einer Flying-P-Liner-Legende in die Nordsee

Jürgen Wolf ist ein eingefleischter »Wiederholungstäter«, denn von seiner alten Liebe kann er nicht lassen. Und die heißt KRUZENSHTERN. Da schreckt ihn auch nicht ein spartanischer Schlafsaal mit 14 Doppelstock-Kojen und dazugehörigen Mini-Blechspinden. Die Neonröhren schaffen auch nicht gerade eine anheimelnde Atmosphäre.

Der Zweite Offizier im Kartenraum

Gegen das GORCH-FOCK-(II)-Hängemattenambiente, das man sich mit 100 Kadetten teilen muss, geht es auf der russischen Viermastbark noch ganz komfortabel zu. Zumal mit zwei Duschen und Toiletten nur für die mitsegelnden Gäste, den sogenannten Trainees. Einzelkammern stehen nur dem Kapitän und seinen Offizieren zu.

Jede Koje ist im Nu belegt und das wenige Gepäck verstaut. Per Handschlag macht man sich mit dem künftigen Nachbarn auf Zeit bekannt. Gleich ist man per »Du«, egal ob mit oder ohne Doktortitel – wie das an Bord eben so üblich ist. Die Berufe gehen quer durch alle sozialen Schichten. Was sie alle gleichermaßen verbindet: die große Sehnsucht nach der Welt der Segelschiffe und dem weiten Meer.

Akrobaten im Segelmosaik

Zwei Schlepper bugsieren den 114,5 Meter langen 3.545-Tonner ins Fahrwasser der sommerlichen Weser mit Bremerhavener Sail-Kulisse.

Ein paar Stunden später, auf der Nordsee, schrillen die Alarmglocken, und aus den Lautsprechern dröhnt es: »Klar zum Segelsetzen!« auf Russisch für die 120 Kadetten und Englisch für die Trainees. Wer will, kann mit anpacken, aber niemand möchte im Wege stehen.

In Reih und Glied bauen sich die russischen Jungseeleute militärisch-diszipliniert neben ihren Masten auf. Die Flüstertüte vorm Mund, brüllen die Bootsleute ihre Kommandos gegen den Wind. Im Nu entern die Kadetten über die Wanten ins Rigg. Kurze Zeit später sind sie schon auf Ameisengröße geschrumpft. Geschickt wie Akrobaten balancieren sie zu ihren Stationen auf den bis zu 29 Meter langen tonnenschweren Rahen.

Zuerst werden die Zeisinge, mit denen die Segel zusammengebunden sind, gelöst. Wie zu Riesenraffgardinen bauscht sich das Tuch von Untermars-, Obermars- und Unter-

Hol durch die Gordings

bramsegeln. Im Gegenzug reißt die Deckscrew an den Fallen, um die Segel zu setzen. Sie zerren an den Schoten, sodass sich die Schratsegel am Klüverbaum und zwischen den Masten im steifen Südwest knatternd entfalten. Insgesamt können 3.400 Quadratmeter, halb so groß wie ein Fußballfeld, gesetzt werden. Ein Mosaik aus 34 Segeln an rund 65 Kilometer Tauwerk.

Wechselbad Theorie-Praxis

Nur scheinbar ein chaotisches Gewirr, aber, so der Erste Offizier, »einer der ordentlichsten Arbeitsplätze der Welt«. Die Regie bei diesem Manöver führt er von der Brücke aus. Seinen Anweisungen und Korrekturen, zum Beispiel die windoptimale Ausrichtung der Rahen durch Brassen, folgen die Bootsleute. Nach Piratenart haben sich manche von ihnen mit Kopftuch, Stirnband über wallender Haarpracht und Tattoos auf den muskulösen Armen geschmückt. Sie gehören zur 56-köpfigen Stammbesatzung und dürfen sich dieses abenteuerliche Outfit erlauben. Die vier Kadettenlehrer sind Marineangehörige und treten grundsätzlich in Uniform auf. Der Ausbildungsstoff ist entsprechend gestaltet: je zur Hälfte militärisch und zivil. Die zukünftigen Nautiker und Maschinisten können auf diese Weise nach rund fünf Jahren Studien- und Fahrtzeit flexibel eingesetzt werden. Begeistert sind die jungen Russen von diesem Drill allerdings nicht.

Kadetten entern auf

Für nur karge 75 Euro »dürfen« sie das harte Training über sich ergehen lassen: angefangen bei der morgendlichen Musterung an Oberdeck über Wacheschieben, Putz- und Pflegearbeiten, Unterricht bis hin zur Paukerei für die Abschlussprüfungen. Das Leben läuft befehlsmäßig ab, »damit der Rhythmus erhalten bleibt«, erklärt der Zweite. »Die Segelschiffsausbildung ist für uns«, ergänzt der Kapitän, »unverzichtbarerer Bestandteil der Ausbildung, emotional wie rational. Nur im Wechsel von Theorie und Praxis können die jungen Seeleute mit Wind und Wetter sowie dem Handwerkszeug vertraut werden, früher wie heute.« Fast alle Marinen dieser Welt bilden ihren Führungsnachwuchs noch auf Großseglern aus. Bei aller Kritik daran, besonders nach den Vorfällen auf der Gorch Fock (II) der Deutschen Marine.

Kriegsbeute positiv gesehen

Früher hieß es nach so einem kräftezehrenden Manöver: »Besanschot an!« – mit einem Gläschen Schnaps, heute ist für die Kadetten, hier Kursanten genannt, nur »Smoke-time« oder Pause angesagt. Es darf um die Wette gequalmt werden, bis wieder an die Arbeit gerufen wird: zum Malen, Rostklopfen und zu Takelarbeiten. Infolge dieser ständigen

Unter Vollzeug durch die Nordsee
Quelle: unbekannt

Infos

Schiffsdaten STS KRUZENSHTERN (ex PADUA): Baujahr 1926; Bauwerft: J. C. Tecklenborg, Wesermünde; Typ: Viermastbark, Stahl
Technische Daten: BRZ: 3.545; Länge: 114,50 m; Breite: 14,00 m; Tiefgang: 7,00 m; Segelfläche: 3.400 qm; Besegelung: 34 Segel; Höhe Großmast über Deck: 55,30 m; Länge Großrah: 29,10 m; Hilfsmotor: zwei 2-Takt-4-Zylinder-Dieselmotoren à 1.000 PS
Verwendung: Schulschiff der Akademie der Fischereiflotte, Kaliningrad (Königsberg), Russland;
Crew: 57 Mann Stammbesatzung, 200 Seefahrtsschüler

Schönheitsoperationen sind der Segellady die 86 Jahre nicht anzusehen. Da gibt es keine Diskussionen: Das ist absoluter Verdienst der Russen! Ohne sie wäre der einzige noch in Fahrt befindliche Flying-P-Liner wahrscheinlich schon längst abgewrackt oder als Museumsschiff aufgelegt worden. Die sowjetische »Kriegsbeute« hatte also auch eine nicht zu unterschätzende Positivseite für die 1926 als letzter Fracht fahrender Viermaster überhaupt in Wesermünde gebaute PADUA.

Während einer Führung ins holzgetäfelte »Traditionskabinett« oder Bordmuseum erfährt man mehr über die bewegte Geschichte des Schiffes. Ein Porträt des Admirals Adam

Ritter von Krusenstern (1770–1846) fällt sofort auf: ein Este in zaristischen Diensten und daher später Ivan genannt. Der Namenspatron der Viermastbark unternahm von 1803 bis 1806 mit den Seglern NOVA und NADESHDA die erste russische Weltumsegelung. Sie waren außen schwarz gestrichen, hatten aber weiße Kanonenpforten. Für die KRUZENSHTERN wurde diese Bemalung übernommen.

Als PADUA unternahm das motorlose Fracht- und Ausbildungsschiff sechzehn Reisen nach Chile und Australien in der Salpeter- und Weizenfahrt. Einen Weltrekord heimste sie 1938/39 ein als schnellster Rahsegler. 1992 rauschte der Viermaster beim siegreichen Columbus-Race mit satten 17,4 Knoten über den Atlantik. In der russischen Ära legte er rund eine halbe Million Seemeilen zurück. Gut 15.000 Kursanten erlernten dabei das Seemannshandwerk. Ihre Mitbringsel, so von der Weltumsegelung 1996, ergänzen die wechselvolle Schiffshistorie. Dazu gehören auch diverse Filme wie »Herz geht vor Anker« mit Gustav Fröhlich oder Hans Albers »Große Freiheit Nr. 7«.

Schiffsglocke vor dem Klüverbaum

Bulleye-Blick getrübt

»Good morning! Reise, Reise!«, plärrt der Wecklautsprecher um sieben Uhr. Als Zugabe gibt es das aktuelle Wetter und Position. Jeder Tag bringt windbedingt einen neuen Kurs. Zunächst einmal kommt der 1.000-PS-Diesel zum Einsatz, denn die Fahrt unter Segeln wäre auf dem vielbefahrenen Kiel-Gedser-Großschifffahrtsweg zu risikoreich.

Der Blick durchs Bulleye ist von Regen getrübt. Passt irgendwie zur himmelsgrauen Morgenstimmung mitten auf der Nordsee. Die Schnarch-, Husten- und sonstigen menschlichen Geräusche waren nicht gerade schlaffördernd. Zwei hat es schon um vier Uhr aus ihren Kojen getrieben: »Das sind wir so gewöhnt«. Das Schlangestehen vor den Toiletten blieb ihnen allerdings erspart.

In der Trainee-Messe ist dafür umso mehr Platz, und das Frühstück opulent. Bis zu 45 Gäste können hier viermal täglich versorgt werden, sogar mit Bedienung. »Richtig kreuzfahrtmäßig«, strahlt Dieter zufrieden. Die schmackhafte russische Küche hat es allen angetan. Tee, Kaffee und Säfte gibt es jederzeit gratis, Bier steht im Kühlschrank und wird angeschrieben.

Wem die Stunde schlägt

Querab Esbjerg wird die KRUZENSHTERN auf einen anderen Bug gelegt. An Steuerbord blenden schneeweiß die dänischen Dünen bei Blavands Huk. Ziel ist die Deutsche Bucht.

»Sie bietet unserem großen Schiff mehr Raum zum Segeln«, erklärt der Kapitän. Die blauen Jungs müssen wieder antreten zum Manöver. Maschine Stopp! Die Hilfsdiesel jedoch hämmern lautstark weiter zur Stromerzeugung. »Dieser Lärm passt einfach nicht zum Segeln«, meint Gerd. Er verkriecht sich daher zum Ausguck unter den prallgefüllen Klüversegeln auf der Back. Das Dieseln wird nur übertönt von den Kurs- und Uhrzeitschlägen der alten Schiffsglocke.

Dann der Auftritt des Segelmachers: Knotenunterricht für die Trainees. Nicht jeder kann so schnell folgen, sodass mancher »Altweiberknoten« ins Tauwerk geschlungen wird. Doch irgendwann haben alle Acht- und Kreuzknoten, Weblein- und Palstek kapiert. Beim Schlagen der komplizierteren Zierknoten jedoch kann man nur noch staunend zuschauen.

Karascho – gut gemacht!

Doch dann wird es ernst: Wer möchte, darf ins Rigg klettern. Obenan stehen erst einmal die Sicherheitsregeln. »Safety first!« oder nach alter Sitte: »Eine Hand für dich, eine Hand fürs Schiff!« Im Klartext heißt das: Aufentern nur mit Erlaubnis und im Luv-Want, nie ohne Gurt und festes Schuhwerk, nichts fallen lassen, kein Geschrei. Einige wollen es gleich wissen. Vorsichtig entern sie hinter dem Bootsmann auf ins »Gehölz«: Schritt um Schritt, Hand für Hand und nur bis zur ersten Plattform, der 17 Meter hohen Saling des Kreuzmastes. »Zum Anwärmen«, meint der erfahrene Seemann und lobt seine Trainees: »Karascho, gut gemacht!« Noch höher hinauf wollen Peter und Gerd. Unterhalb der Royal-Rah – mit mehr als fünfzig Metern ist sie die höchste – machen sie jedoch Schluss. Dort verengen sich die Wanten so sehr, dass kaum noch eine Fußspitze hineinpasst. »Da kann man die Seele baumeln lassen!«, ist Peter begeistert und genießt die Fernsicht über die weite See.

Arbeit auf den Rahen

Blick vom Großmast

Kursanten beim Segelsetzen

Gut zu wissen:

Buchung von Mitfahrten:
Tall-Ship Friends Deutschland e.V.,
Tel.: 0180 500 3773 (zum Ortstarif);
E-Mail: Info@tallshipfriends.de
oder booking@tallship-friends.de

Theatralischer Abschied

»Fast schon südseemäßig kitschig«, murmelt Reiner vor Sonnenuntergang, als er die Szenerie mit Rigg-Filigran und gebauschten Segeln im Vordergrund fotografiert. Der Abendhimmel glüht in allen Farbvarianten, als hätte der Greifswalder Romantiker Caspar David Friedrich bei den Farben mitgemischt. Die Nacht bricht herein, und bald funkeln die Sterne. Am Horizont flackern die Arbeitslichter von Fischkuttern. Einer kommt am Morgen sogar längsseits und bietet frischen Dorsch an.

Am nächsten Mittag wird es dramatisch. Gerade noch brennt die Sonne vom makellosen Himmel, als plötzlich eine schwarze Wand drohend heraufzieht. Der Segelalarm kommt zu spät. Innerhalb von Minuten peitschen Regenböen die kochende See. Die KRUZENSHTERN legt sich unter dem Druck von zehn Windstärken unwillig über. Alle Hände reißen an den Niederholern, das Segeltuch knallt und knattert beängstigend. Die Schreckensbilder sind untermalt von zuckenden Blitzen und bösem Donnergrollen. Die Front zieht so schnell durch, wie sie gekommen ist. Nur noch ein unschuldiger Regenbogen spannt sich über das Achterschiff – ein geradezu filmreifer Abschied über der Wesermündung! Manfred stimmt fröhlich lachend das bekannte Lied »Das kann doch einen Seemann nicht erschüttern!« an und schwört: »Im nächsten Jahr sind wir wieder dabei, Ehrensache!«

»FITNES« VERSETZT BERGE

Lust auf Frachtertörns – nicht nur zur »blauen Stunde«

»Alles Mount FITNES«, sagt der Wachmann, und zeigt weit ausholend auf die grauen Kegel ringsum. Im gleichen Moment verhüllt eine Wolke aus feucht-staubigem Sprühnebel ihn und den gepäckbeladenen Autor. Über seinem Kopf rattert ein Förderband durch eine monströse Stahlrohrkonstruktion.

Schauplatz Hafen Hamburg-Harburg. Zwischen den dunklen Bergen sticht das helle Brückenhaus eines Schiffes heraus. Der Mann schaut auf den Ausweis und seine ISPS-Kontrollliste: »Aha, Sie sind das! Da drüben liegt Ihr Dampfer!« FITNES stellt der sich mit weißen Lettern an blauem Rumpf vor. Angekommen!

Doch wie an Bord gehen, wenn die Gangway eingeholt ist und das Schiff meterweit von der Pier entfernt liegt? Etwa zu spät gekommen? Kann doch nicht sein, wie der Blick auf die Uhr beruhigt. Außerdem platscht aus dem Gummirüssel am Ende des gewaltigen Förderbandes noch pausenlos grauer Stoff auf einen Hügel.

In die Luft gegangen

Noch zweihundert Meter an chaotischen Holzstapeln vorbei, in denen ein Radlader brummend wühlt, und immer an der hoch aufragenden Bordwand entlang ist das Heck erreicht. Niemand an Deck zu sehen! Plötzlich ragt ein gelber Schutzhelm über die Kante und ein Arm winkt. »Don't worry!«, ruft ein braunes Gesicht nach unten, »we pick you up with crane and basket!« Sekunden Später schwebt an einem Stahlsein sirrend ein brusthoher Käfig herab. »Get in with your luggage!«, ruft der Mann. Zweifelnd steht man vor dem kippligen Gerät, schaut nach oben und überlegt, ob das denn gutgeht. Also elegant über die Brüstung geschwungen und das Gepäck verstaut. Und ab geht die luftig-baumelnde Fracht mit weitem Blick über die Industriehafen- und Hügellandschaft, die gerade von der untergehenden Sonne vergoldet wird und zu einem Scherenschnitt gerät: geradezu romantisch.

Kreuzfahrtstandard zum Wohlfühlen

Wumms, gelandet! Hilfreiche Hände greifen zu, strahlende Filipino-Gesichter ringsum. »Welcome on board FITNES!«, tönt es mehrstimmig. »Lauro Sartorio«, stellt sich der Bootsmann vor und grinst, »I'll bring you to the captain«. Einer seiner Männer hängt sich den Rucksack auf den Rücken. Das Treppenhaus glänzt frisch gewienert.

In seinem Büro tippt Kapitän Mauritz Daten in den Computer. »Schön, dass Sie da sind und willkommen an Bord!«, sagt er zum Empfang und schüttelt die Hand des einzigen Passagiers.

Gegenüber liegt die Eignerkabine: hell durch zwei große Fenster mit seitlichem Steuerbordseeblick, Teppichboden, großer Schreibtisch mit Stuhl davor, Satellitenfernseher mit breiter Programmauswahl, DVD/CD-Player, Kühlschrank (Getränke kann man beim Kapitän günstig ordern), gemütliche Sitzecke, reichlich Schrankraum, ein breites festes Bett und eins hochgeklappt, Bad mit Dusche und WC; Waschmaschinen und Trockner separat. Kreuzfahrtstandard ist das allemal. Alles noch unbenutzt, weil gerade mal drei Monate alt nach der Schiffstaufe durch die damals 14-jährige Geschäftsführer-Tochter Johanna van den Meer: fit und jung wie FITNES eben. Da kann man sich die nächste Zeit absolut wohlfühlen.

»Wir sehen uns unten in der Messe«, verabschiedet sich der Master und wirbt für das Dinner: »Toast Torero oder wie wir sagen: begrabene Tomate.« Das sei ein Reederei-Special.

Captains Dinner mit Rezept

Im Schiffsbüro warten der Erste Offizier und ein junger Wasserschutzpolizist auf den Neuankömmling. Der Uniformierte verlangt, dass der Passagier auf eine Extraliste gesetzt werde, weil die Registrierung zusammen mit der Crew nicht zulässig sei. Chiefmate Almar Sangco rollt mit den Augen. »Wat mut, dat mut!«, kontert der Uniformierte plattdeutsch und lässt seinen Stempel auf die Papiere knallen. Er zeigt sich verwundert, dass man sich die Hamburger Cruise Days entgehen lasse, »da geht doch ab heute Abend an und auf der Elbe die blaue Post ab!« Wie bitte?

Am Captains table sitzt bereits Kapitän Mauritz, ihm gegenüber der still vor sich hin lächelnde Chief-Ingenieur Junelio Gautier von den Philippinen, in ihrer Mitte der Gast. Cookie, Koch Carlos Bautista, serviert den bereits angekündigten »Toast Torero«. Der geht so, doziert Hobbykoch Mauritz: »Eine Scheibe Graubrot als Basis, dick Leberwurst drauf, garniert mit Gurken und Tomaten, gekrönt von zwei Spiegeleiern. Fertig ist die

›begrabene Tomate‹. Guten Appetit!« Captains Dinner, deftig-kräftig-gutbürgerlich, von jetzt an dreimal täglich. Und immer gemeinsam mit der Crew. Da gibt es keinen Unterschied auf MS FITNES.

Der Dritte steuert die Beladung.

Die erste Tonne norwegischer Ladung

Förderband unter den Laderäumen

Dinosaurier an Deck

Währenddessen rauschen die letzten Tonnen Granitfeinsplitt durch eine Klappe am Boden der Ladeluke 5 auf das darunter rotierende zwei Meter breite Förderband. Die Wände des Laderaums sind schräg und mit Spezialteflon beschichtet. »Damit das Material von alleine rutscht«, erklärt Dritter Offizier Gil Dolera, der, vermummt mit einer schützenden roten Gesichtsmaske und Helm, am Lukenrand steht und den Löschvorgang überwacht. Über UKW-Funk gibt er schließlich Anweisung, Klappe und Luke zu schließen. Der Raum, in dem vor zwei Stunden noch 4.500 Tonnen Straßenbaustoff gelagert haben, ist besenrein, ohne schweißtreibende Mannarbeit per Besen und Schlauch. Die gewaltige selbstlöschende Bandanlage mit dem schwenkbaren Arm arbeitet unabhängig von kostenintensivem, zusätzlichem Personal.

Maximal bis zu 3.000 Tonnen pro Stunde können so gelöscht werden. Alle 43 Tonnen taucht der Bulkcarrier einen Zentimeter auf oder ab. An Land bleibt eine Bergkulisse von 31.000 Tonnen zurück. »Mit der Menge«, vergleicht Kapitän Mauritz, »könnte man die 160 Kilometer lange Autobahn Flensburg–Hamburg zehn Zentimeter hoch belegen.« Auch werde die in Bau befindliche Ostsee-Pipeline mit dem Stoff von FITNES und ihren Schwesterschiffen im Hafen Saßnitz-Mukran ummantelt.

Das Schiff, klärt er jetzt auf, habe er so pierfern vertäuen müssen, damit der 86 Meter lange Ausleger in die richtige Position zum Lagerplatz an Land gebracht werden konnte. Daher also die ungewöhnliche Luftfahrt.

Infos

Schiffsdaten MS Fitnes:

Bauwerft: JJ. Sietas, Hamburg-Neuenfelde; Indienststellung/Taufe: 23.4.2010 (drei Monate vor Termin abgeliefert, 3. Neubau des größten werfteigenen Typs 177 nach den Schwestern SBulknes und SBeltnes, selbstlöschender Bulkcarrier, ausgerüstet mit einem schwenkbaren 86 m langen, 195 Tonnen schweren Boom-Conveyor-Fördersystem; maximale Löschleistung: 3.000 t/h); Taufpatin Johanna van den Meer (16), Tochter des Miteigentümers Jos van der Meer; Baunummer: 3011; IMO-Nr.: 9490105; Flagge: St. Johns/Antigua & Barbuda; Reeder: Hans-Jürgen Hartmann, 21782 Cadenberge b. Cuxhaven; Bereederung: HJH Shipmanagement, Cadenberge; Charterer und Miteigentümer: Mibau-Gruppe (Gemeinschaftsunternehmen von Hans-Jürgen Hartmann und der HeidelbergCement AG); jährliches Transportvolumen der Firma mit sechs Schiffen: 10 Mio. Tonnen; Klasse: Germanischer Lloyd GL 100 A5 Bulk Carrier

Technische Daten: BRZ: 20.234; Ladekapazität: 33.170 tdw oder 26.000 Kubikmeter; Schiffsgewicht (light ship): 9.012 t; Displacement (Schiffsgewicht und Ladung): 42.218 t; Länge: 175,60 m; Breite: 26 m; Tiefgang (max.): 10,82 m; Höhe Kiel-Antenne: 38,80 m; Maschine: Mittelschnellläufer MAK, Typ »8M 43 C«, Leistung: 7.300 kW, Geschwindigkeit (max.): 15 kn; vierstrahliger Verstellpropeller, linksdrehend, 4 m Durchmesser; Bugstrahlruder (1.500 kW), Heckstrahlruder (950 kW);

Crew (deutsch-philippinisch): 17

Passagiere: 2 (Eigner Kabine mit 2 breiten Doppelstockbetten, Schreibtisch, Sitzecke, 2 Fenster nach Stb., Tisch, Stuhl, Schränken, DU/WC, Kühlschrank, Satelliten-TV, DVD/CD-Player), Pool, Fitness-Raum/Tischtennis, 4 Angeln

Im Zeitlupentempo ruckt die 195 Tonnen schwere, an einem Turm auf dem Vorschiff verankerte Förderbandkonstruktion in Mittschiffslage zurück. Wie ein schwerfällig über das Hauptdeck tapsender Dinosaurier.

Der Massengutfrachter ist seeklar und bereit zum Auslaufen. Ein Mann fehlt noch: der Hafenlotse. Doch dann grummelt es durchs Schiff: Die 7.300-kW-Hauptmaschine ist angesprungen. Unter den Füßen kribbelt es. Die Leinen klatschen ins dunkle Wasser. Beginn der Reise. Als Passagier ist man immer hautnah dabei, denn anders als auf Kreuzfahrtschiffen ist die Brücke ständig offen.. Die Vorschriften verbieten das.

Zentimeter um Zentimeter rangiert Frank Mauritz den 175 Meter langen und 26 Meter breiten Koloss wie spielerisch mit dem kleinen Joystick-Hebelchen rückwärts aus der Hafenbeckenparklücke in die Süderelbe, dreht ihn dank Bug- und Heckstrahlruder auf dem Teller und schwenkt den bulligen Steven schließlich auf die geöffnete Kattwyk-Brücke zu. Achteraus blockiert ein blau blinkendes Wasserschutzpolizeiboot den Fluss aus Sicherheitsgründen für das knappe Drehmanöver.

Am ACT, dem Altenwerder-Container-Terminal, brummt es wieder wie gehabt. Krise? »Wir haben gut zu tun«, bemerkt der Lotse mit Blick auf die riesigen Containerfrachter und aufgetürmten Blechkistenstapel. Die Gantry-Kräne singen ihr ewig schrill piepsendes Lied dazu, das sogar die dicken Brückenfenster durchdringt.

Krachender FITNES-Abschied

Weit wölbt sich die Köhlbrandbrücke über dem Signalmast auf dem Monkey- oder Peildeck.

Doch welche Überraschung: Ihre stadtzugewandte Seite ist blau angestrahlt.

Eine Hafenrundfahrt zur »blauen Stunde«, wie es scheint, denn ganz Hamburg macht an diesem Abend blau. Motto: »Blue Port, Lust auf Seereisen machen!« Lichtinstallationen an rund 70 hafennahen Gebäuden und Schiffen bilden die künstlerische Kulisse zu den »Cruise Days«, den Tagen der Kreuzschifffahrt. FITNES trägt mit ihrem nachtblauen Rumpf ein Stück dazu bei. Sie indes geht auf eine Kreuzfahrt der besonderen Art – mit nur einem Passagier an Bord, der die außergewöhnliche Show mit 360-Grad-Rundumblick exklusiv genießen kann.

Kurz vor dem Eindrehen in den Elbe-Hauptstrom passiert das »Traumschiff« von See kommend. Auch MS DEUTSCHLAND hat Blaulicht angelegt. Auf ihren Decks drängeln sich Partygäste und winken ausgelassen herüber. Dazwischen wieseln auf beängstigenden Kursen Barkassen und Rundfahrtschiffe, auch sie blau in blau kostümiert.

Noch eine Überraschung vor Hamburgs Nobelvorort Blankenese: Feuerwerkskörper explodieren am Nachthimmel, den über dem Michel ein sattgelber Vollmond krönt. Auch im Ostteil des Hafens kracht und böllert es in allen Farben und Formen. Rund 100.000 Zuschauer sind, wie der NDR berichtet, dabei. »Was für ein Abschied«, sinniert Kapitän Mauritz, »das hab ich in über 30 Jahren Fahrtzeit noch nicht erlebt!«. Dann glimmen nur noch die Radarschirme und Überwachungsdisplays. Voraus blinken Leuchttonnen und Richtfeuer, ansonsten herrscht tiefschwarze Nacht ringsum.

Gegen zwei Uhr am Morgen scheint querab Cuxhaven eine schwimmende Stadt auf FITNES zuzuhalten. Die entpuppt sich bald als eine Flotte von Kreuzfahrern mit Kurs Hamburg: ASTOR, COLUMBUS, AIDAAURA, AIDABLU und MEIN SCHIFF. FITNES nimmt »cool« die Parade ab. An der Bordwand von letzterem huscht das schwungvoll geschriebene Riesenwort »Wohlfühlen« vorbei. Das steht zwar nicht außen an der FITNES dran, ist aber drin. Bei ELBE I steigt um vier Uhr der Lotse ab. Kurs Nord! Abschalten und abtauchen! Wozu die leise vor sich hin grummelnde Hauptmaschine ein Übriges leistet für wohligen Tiefschlaf.

Chief mit zweitem Standbein

Die Nordsee am nächsten Morgen. »Meer erleben!«, ist auch ein Kreuzfahrerslogan. Dieses Meer gibt sich grau in grau, so weit das Auge reicht. Irgendwie typisch, glaubt man sich bestätigt. FITNES wiegt sich sanft in der schräg von achtern anlaufenden See.

Brückenklönschnack mit dem Dritten bei einem Pott Kaffee. Kapitän Frank Mauritz hockt in seiner Kommunikationszentrale vor dem PC: »Hausarbeit am Monatsende, da stehen mal wieder die Abrechnungen an«, sagt er und lässt seinen Blick zwischendurch auch mal über See und Navigationsbildschirme schweifen. In der Schiffskasse warten US-Dollars zur Auszahlung. Handgeld für die Crew, die ansonsten ihren Lohn an die Familien überweisen lässt.

Lunchtime. »Chopp, Chopp!«, erinnert der Zweite Rodel Salas ans Mittagessen. Den Ausdruck verstehen, weil international, alle. Samstags steht wie fast auf allen Frachtern der traditionelle Eintopf auf dem Speiseplan, heute Linsensuppe mit Bockwürstchen.

Chief Junelio Gautier berichtet von seinem zweiten Standbein als philippinischer Unternehmer in Sachen Landwirtschaft, Haus- und Möbelbau. Damit unterhält er seine Großfamilie. Es gebe genügend Helfer, die sich für ihre Appel-und-Ei-Handlangerdienste bei ihm verdingen.

Nach dem Essen ist gut ruhen, zumal Wetter, Wochenendbeginn und Bordprogramm wenig Alternativen bieten. Die geschlossene Kammertür signalisiert: Man möchte beim Nickerchen nicht gestört werden, ansonsten gilt von beidem das Gegenteil.

Tea-time untermalt von heißen Rhythmen

Kurz nach 15 Uhr klingelt das Telefon: »Tea-time!«, verkündet der Kapitän und lädt zum Munterwerden in sein Office. Von jetzt an täglich wie um 10 Uhr vormittags. Auch dieses ein Special des komunikativen und stets gutgelaunten Kapitäns, der gegenüber der Eignerkabine wohnt und arbeitet. Das sei praktisch, spare Zeit und Wege. Obwohl er sich auch gern bewege, zum Beispiel regelmäßig abends im FITNESS-Raum auf dem Hometrainer strampeln. Die Filipinos liefern sich lieber heiße Tischtenniskämpfe oder strecken sich mit Gewichten.

Manchmal dröhnen auch heiße Rhythmen aus dem Musikraum neben der Messe. Da trainiert die FITNES-Bordband für ihren Auftritt zum Crew-Abend. Die Instrumente übrigens allesamt gesponsert von der Reederei. Ein Novum auf Frachtern.

Beim Crew-Fest am Abend dominiert allerdings das Fillipino-typische Karaoke: reihum einsetzender Sologesang zu schnulzigen Musikfilmen mit Untertiteln und knackigen Bikinimädels. Voller Inbrunst und Sehnsucht vorgetragen. Kapitän Mauritz und der Passagier spendieren Bier, der Koch in Folie gegarten Fisch.

Die Stimmung steigert sich. Irgendwann kommt Tanzlaune auf bei den braunhäutigen Männern. Alle machen mit, auch der Kapitän – zur großen Freude »seiner Jungs«, die vor Vergnügen kreischen. Das ist Socializing pur oder Führungsqualität, gepaart mit Sozialkompetenz. »Das brauchen sie einfach für ihre Motivation während monatelanger Seezeit«, kommentiert Mauritz schlicht die vergnügte Show, »auch einen Kapitän, vor dem sie sich nicht fürchten müssen.« Der Mann, so erlebt man ihn, ist eher eine allseits anerkannte Vaterfigur.

Spätabends läuft im Satellitenfernsehen auf NDR die Hamburger Cruise-Parade. FITNES ist dabei gewesen – als nicht eingeplanter, aber blauer Exot.

Allrounder plaudert aus dem Nähkästchen

Zum Tee plaudert Kapitän Frank Mauritz auch gern spannend und lebendig aus seinem maritimen Nähkästen: das sind jahrzehntelange Erfahrungen als Trawler- und Seebaggerkapitän. Und kein Seemannsgarn, wie er betont.

Auch als IHK-geprüfter Datenverarbeitungs-Spezialist verdiente er sich Sporen. »Das hat mir«, so der Allrounder, »immer nur genützt.« Wie er zur Seefahrt gekommen sei? »Durch meine Mutter«, schmunzelt der 52-Jährige aus der Nähe von Wittenberg an der Elbe, »die hat in der Zeitung eine Anzeige entdeckt: Seefahrts-Azubis gesucht.« Statt auf einem Frachter landete er in der Hochseefischerei. »Da habe ich nicht nur wertvolle Erfahrungen gesammelt, sondern auch den richtigen Instinkt für schwierige Situationen entwickelt, das A und O an der Schiffsführung.« Eigentlich wollte er Fernsehmechaniker werden.

Zum Abschluss der geselligen Runde zeigt er eine Rarität: den Handyfilm über eine Monsterwelle, die das Reederei-Schwesterschiff STONES in der winterlichen Nordsee überschüttete: Über 25 Meter hoch und rund hunderttausend Tonnen schwer. Zentimeterdicker Stahl wurde dabei zerfetzt wie Papier. Den 15.000-Euro-Schaden, der von der Reederei zu tragen war, belegen erschreckende Bilder.

Doch die Nordsee bleibt diesmal friedlich. Gelegenheit für einen ausgiebigen Decksspaziergang mit Förderturmbesteigung. Wie im Mast eines Großseglers kommt man sich in zwanzig Meter Höhe vor – windgebeutelt, mit Weitblick und maschinengeräuschlosem Wellenrauschen.

Norwegische Impressionen

Ausschlafen am Sonntagmorgen? Sieben Uhr, die Maschine rumpelt spürbar rückwärts und lässt FITNES erzittern. Wach! Durch das geöffnete Kammerfenster strömt Waldluft herein: der Duft von Norwegen! Schneller Orientierungsblick nach draußen: Nebelschwaden und tiefhängende Regenwolken wabern über einen von Fichten gesäumten Gebirgskamm in den Boknafjord westlich von Stavanger. FITNES legt am Steinbruch von Jelsa an. NORSK STEIN prangt in Riesenlettern an einer Werkshalle, ringsum graue Granitsplitthügel wie in Harburg. Durch gewaltige Radlader schwer beladene 60-Tonner mit Riesenreifen dröhnen am Ufer entlang und schütten immer neue Hügel auf. Der Bergfuß wirkt aus der Ferne wie angeknabbert. Hier wird Milliarden Jahre altes Urgestein, aus dem das ganze Land besteht, durch Sprengungen abgetragen. »Ein Schatz für uns«, bemerkt der norwegische Seelotse. Er ist an Bord geblieben, »denn die Rückfahrt zu meiner Station am Fjordausgang würde per Auto dreieinhalb Stunden dauern«. Und per Hubschrauber? »Kostet 10.000 Euro«, winkt er ab, »selbst für ein reiches Land wie Norwegen zu viel.« Aber die Gegend um die Provinz Ryfylke sei reich: Erdgasverarbeitung, Aluminiumverhüttung, Erzabbau und billige Wasserkraft.

Auch touristisch sei die Gegend sehr gefragt, wie Ferienhäuser am Ufer und auf den walgleichen Schärenrücken demonstrieren. Vergleichsweise preiswert seien hier nur Elektronikartikel.

Im Ladebüro startet Erster Offizier Almar Sagco die Ballastpumpen, von Land aus schwenkt ein Förderband über die geöffnete Luke 1. Sekunden später pladdert die erste

Tonne hinein. 2.999 zeigt das Display über der Steuerkabine an, die Menge, die hier noch aufgefüllt werden muss. Der Dritte Offizier überwacht, mit einer vor Staub schützenden Gesichtsmaske verhüllt, den Ladevorgang. Er gibt dem »Bandleader« oder zu Deutsch Bandfahrer an Land Handzeichen, wenn der Ausleger geschwenkt werden muss, damit der Granitgrus gleichmäßig verteilt wird. Zur Tea-time sind schon knapp 3.000 Tonnen verstaut, mittags bereits 2.000 Tonnen mehr. Der Sonntagslunch mit Steak, Salat, Eis und Kapitänsbedienung ist die Krönung. Insgesamt müssen sieben Laderäume befüllt werden, das ergibt 26.042 Kubikmeter oder 32.500 Tonnen.

Die kühle Nachtischportion garniert Frank Mauritz noch mit Eierlikör satt. »Chicken nectar« erklärt der Kapitän, der Chief grinst verstehend und genießt still vor sich hin.

Begehrter Stoff für Europa

Am Nachmittag klart es auf. »Sie wollten doch Aufnahmen vom Schiff und der Landschaft machen«, erinnert Kapitän Mauritz, »dann lassen Sie sich mal Helm, Rettungsweste, Gummistiefel und Ölzeug vom Chief mate geben.«

Bootsmann Lauro Sartorio fiert das Speedboot per Kran zu Wasser. Mit dem Dritten und einem Matrosen geht es auf Fjorderkundungstour. Unterwegs werden nicht nur Fotos geschossen, sondern auch ein Sack Miesmuscheln von den Felsen gekratzt.

Fjordstimmung beim Auslaufen

Erste Beute: zwei Fjordmakrelen

Über die Bordwand hängen Angelschnüre. An der Reling schwingen Kapitän und Erster die Ruten: »Damit wir morgen Abend auf See fjordfrische Grill-Makrelen zum Barbecue haben«, verrät Mauritz und frönt weiterhin der touristischen Aktivität Nummer eins in Norwegen. Vier Angeln gehören denn auch wie selbstverständlich zur Bordausrüstung. Am Ende füllen die silbrigen »Außenbordkameraden« zwei Eimer an Deck.

Die Ladezeit verzögert sich. Nicht alle gewünschten Granitsplitt-Korngrößen sind sofort verfügbar. Das gerade modernisierte Werk, das zur Mibau-Gruppe gehört, steckt noch in der Umstrukturierungsphase. Aber Europa braucht den harten Stoff. Die sechs gecharterten Hartmann-Schiffe sind dafür im Dauereinsatz. Sie verteilen die begehrten Gesteinsprodukte für Beton-, Straßen-, Deponie-, Gleis- und Wasserbau in über 50 Häfen zwischen Deutschland, Großbritannien, Dänemark, Frankreich, den Niederlanden und Polen. Von einem Berg zum andern muss FITNES auch durch Wellentäler wandern.

Immer wieder verholt die Crew das Schiff vor und zurück, kürzt die schweren Festmacherleinen per Windenkraft auf oder verlängert sie. Das an Land stehende Förderband ist nämlich starr, sodass die Ladeluken danach auszurichten sind. Das verschafft den Männern eine nur kurze Nacht. Für den spiegelglatten Fjord, die schwarzen Berge und das graue Himmelstheater mit roten Sonnenlichtflecken haben sie keinen Blick übrig.

Trolle beobachten Großreinschiff

Montagmorgen. Um 07.30 Uhr sind alle Luken dicht. Die Hauptmaschine lässt den 33.000-Tonner erzittern. Leinen los und ein! Auslaufen mit Kurs auf Kiel. »Da geht's zum ersten Mal hin mit diesem Schiff«, sagt Kapitän Mauritz, »auch anschließend nach Rostock.« Also zwei Premieren mit einer Klappe.

Über dem Boknafjord liegt eine mystische Stimmung: granitgraue Wolken, durch die Sonnenstrahlen brechen. Auf den Bergkämmen scheinen Trolle zu tanzen.

An Back- und Steuerbord zieht die typisch norwegische Urlaubslandschaft vorbei. Rostrote und leuchtend gelbe Holzhäuschen garnieren die Idylle aus Fels-, Wald- und Wasserlandschaft.

Zweieinhalb Stunden später steigt der Lotse querab Stavanger auf das Versetzboot. »Beginn der Seereise«, sagt Frank Mauritz zu seinem Dritten, der die Zeit ins Schiffstagebuch einträgt.

Der Schärengürtel lockert sich, FITNES wiegt sich genüsslich in leichter See, die ein sanfter Nordwest-Wind vor sich her schiebt.

An Deck startet Bootsmann Lauro Sartorio das Programm »Großreinschiff«. Seine Männer rücken mit Schläuchen, Kärcher und Besen an, um Ladungsstaub von Deck zu waschen. Nachdem die Sonne alles getrocknet hat, folgt eine Malerkolonne mit breiten Rollen und legt in atemberaubendem Tempo los. Innerhalb weniger Stunden glänzt die hellgraue FITNES-Haut geradezu werftfrisch.

Badespaß vorm BBC

An Backbord kontrastiert die tiefgrüne norwegische Küste zum tintenblauen Meer. Zwei Mega-Kreuzfahrtschiffe passieren auf Gegenkurs mit Ziel Stavanger. Auf deren Decks drängeln sich ameisenklein Passagiere. Während man mutterseelenallein auf der weitläufigen Back in der Sonne döst, bewegt einen die Frage: möchte man vielleicht mit denen da drüben tauschen?

Aber, wie stellte schon der Alte Fritz einst treffend fest: Jeder soll nach seiner Fasson selig werden. Was bleibt, ist der ewige Traum vom Meer.

Das hat gerade mal 17 Grad, aber die sommerliche Wärme verlockt zum Bade. »Nichts leichter als das«, lacht Frank Mauritz und gibt das Signal: »Wasser Marsch in den Pool!«

Fröhliche Crew beim Barbecue

25 Kubikmeter Nordsee gurgeln in das Drei-mal-fünf Meter-Becken. Der Zweite Rodel Salas ist nach seiner vierstündigen Wache schon ganz heiß auf Abkühlung. Mit einem kühnen Fußsprung stürzt er sich in die Fluten. Nur durch einen Sprung zur Seite kann sich sein Kapitän gerade noch so vor der Wasserbombe in Deckung bringen. Aber dann lässt auch er sich animieren. Gemeinsam hat man das Gefühl, durch den Skagerrak zu schwimmen, immer hin und her allerdings nur. Auch ein Spaß für alle Besatzungsmitglieder, die das fröhliche Planschvergnügen wahrnehmen.

Vom Pooldeck wehen verlockende Düfte herauf. Cookie Carlos Bautista hat den Grill angeheizt, denn zum Dinner steht BBQ an oder: ein zünftiges Barbecue. Knusprige Shrimps, Hühnerkeulen, Würstchen, Steaks und Muscheln werben um die Gunst der hungrigen Mäuler. Die Tische biegen sich unter der Last der Partysalate. Da bedient einen der Kapitän sogar höchstselbst – aus Spaß an der Freude.

Kapitän Mauritz ruft nach alter Seefahrertradition, weil alle Manöver geglückt sind, »Besanschot an!«, und die Gamle-Dansk-Gläser klirren. Passend dazu rauscht in eleganter Schräglage an Steuerbord der Kieler Dreimast-Toppsegelschoner THOR HEYERDAHL unter Vollzeug vorbei. Ein Vorgeschmack auf die Hanse Sail in Rostock-Warnemünde am kommenden Wochenende. Zu heißen Boxenklängen toben sich die Männer unterm Freifallrettungsboot aus.

Als die Sonne geradezu kitschig glutrot in der milden Nordsee versinkt, haben achtzehn Mann reinen Tisch gemacht. Dann glühen nur noch die Reste der Grillkohle.

Im dunklen Loch am »Tor zur Ostsee«

Sonniges Dienstagmorgenbad vor der jütländischen Ostküste. Die BBQ-Folgen sind wie weggeblasen.

15 Uhr: voraus ein Filigran, die Brücke über den Großen Belt. Endlose Kolonnen von Fernlastern rollen über das Stahlband zwischen den Inseln Seeland und Fünen, mit 2.694 Metern die längste Hängebrücke Europas. 1.320 Lkws wären nötig, um die Ladung der FITNES zu transportieren, eine Schlange von rund 24 Kilometern! FITNES fährt auch nach dem Slogan: »From road to sea« und hilft den totalen Kollaps auf den Straßen zu vermeiden.

An Backbord inszenieren ein Küstenwachboot und ein Marinehubschrauber eine Rettungsübung. Der Rotor knattert im Luftstand und hüllt die beiden Partner in haushohe Gischtwolken ein, während von oben nach unten ein Mann abgeseilt wird. Frachterunterhaltung auf Dänisch. BÜLK.

Um 20 Uhr liegt das »Tor zur Ostsee«, wie sich Kiel nennt, vor dem Steven. Vom Leuchtfeuer bringt das orangerote Versetzboot BÜLK den Lotsen an Bord: ein redefreudiger Berliner aus Köpenick, der sich bald begeistert zeigt von »dem schönen Schiff, das sich optimal fährt«. Ein ehrliches Kompliment von einem Fachmann, der Kapitän Mauritz bis in den Scheerhafen zwischen der Holtenauer Einfahrt zum Nord-Ostsee-Kanal und dem Tirpitzhafen der Deutschen Marine berät. »Was für ein dunkles Loch«, bemerkt Mauritz. Doch die geballte FITNES-Strahlerbatterie hüllt den Liegeplatz in taghelles Licht. Auch hier wieder Hügel, die von 22 Uhr bis zum nächsten Morgen um 18.000 Tonnen erhöht werden.

Finale mit Gedrängel und Warnow-Blick

Kurz nach Sonnenaufgang ragt die FITNES um ein paar Meter mehr aus dem Wasser und zeigt ihre rote Unterwasserflanke. Auslaufen Kurs Rostock. Wobei wieder ein »alter Hamburger Blue-Port-Bekannter« passiert: Das ZDF-»Traumschiff« MS DEUTSCHLAND. »Wie Hase und Igel«, lacht Mauritz.

Die Boten der Hanse Sail, Segelschiffe aller Größen, streben am Mittwochmittag dem Warnemünder Seekanal entgegen. Lotse Dr. Christian Subklew, Ältermann der Brüderschaft Wismar-Rostock-Stralsund (WiRoSt) steigt auf. Am Kreuzfahrtterminal liegt die REGATTA, von See dampfen zwei Fähren heran, eine dreht auf der Wendeplatte. Es wird eng. Subklew kennt das: »Während der Hanse Sail«, bemerkt er, »geht es hier mit den vielen Freizeit- und Traditionsseglern fast chaotisch zu, da könnte man beinahe von einem Ufer der Warnow zum anderen gehen.« FITNES gleitet gelassen und bei Minimalfahrt in direktem Kurs auf seinen Liegeplatz im Rostocker Seehafen zu. Um 13.45 Uhr ist der blaue Riese vertäut. Ende der passagierfreundlichen Premierenreise!

Auch Dr. Christian Subklew verabschiedet sich voll des Lobes über den Bulker. Kapitän Mauritz kann stolz sein auf Schiff und Crew.

Elegante Große-Belt-Brücke

Einlaufen in den Rostocker Seekanal

Nach den Einlaufformalitäten zieht es ihn für ein paar Stunden zu Frau und Haus mit Warnow-Wasser-Blick: »Muss doch mal sehen, wie weit mein Carport inzwischen gewachsen ist.«

Gut zu wissen:

Buchung:

Anfragen wegen Mitfahrt: HJH Shipmanagement: 04777-9339-70; E-Mail: jens.schumacher@hjh-shipping.com

ZWISCHEN JUNGFERNFAHRT UND HÖLLENRITT

Auf der Suche nach dem Licht während der schönsten Seereise der Welt

69 Grad Nord, 30 Grad Ost, die Koordinaten von Kirkenes an der gefürchteten Barents-See. Es herrscht ganztägig winterlich-polare Finsternis. Das Leben erscheint bei minus 27 Grad wie erstarrt. Nur Gabelstapler brummen: MS NORDLYS lädt und löscht im Hafen.

Die norwegische Stadt nahe der russischen Grenze an der Europastraße 105 nach Murmansk ist nach rund 1.200 Seemeilen Wendepunkt für die elf Hurtigrutenschiffe. Seit fast schon 120 Jahren verbindet die »schwimmende Reichsstraße Nr. 1« 34 oft entlegene Häfen an der norwegischen Küste zwischen Bergen im Süden und Kirkenes im hohen Norden. Jeden Tag verlässt eins der kombinierten Passagier- und Frachtschiffe die alte Hansestadt. Drei von ihnen – die 120 Meter langen 12.000-Tonner KONG HARALD, RICHARD WITH, NORDLYS – wurden zwischen 1993 und 1994 auf der Stralsunder Volkswerft gebaut. Erinnerungen werden wach.

Alesund aus der Voeglpersektive
mit MS NORDLYS am Kai

Auf Wiedersehen …

Dreimal dröhnt das gewaltige Dreiklangtyphon der NORDLYS im März 1994 über den Sund. Die Stralsunder wissen es spätestens jetzt: Heute verlässt der 12.000-Tonner seine Geburtsstätte für immer. Nach dem traditionellen Flaggenwechsel – Werft- gegen Landesflagge – soll es losgehen. Am Werftkai und an Bord Abschiedsstimmung, Tränen gar. Weiße Laken werden hüben wie drüben wellenförmig auf und ab geschwungen. Die Stewardessen intonieren sogar ein Lied: »Auf Wiedersehen, Stralsund …« Norwegische Besatzung und Werftpersonal sind sich während der über einjährigen Bauzeit auch menschlich nähergekommen. Der Schlepper zieht an, die Jungfernfahrt über Kopenhagen, Hamburg, London, Newcastle und Oslo – dort wird der Verkehrsminister noch eine »offizielle Taufe« zelebrieren – nach Stavanger und Bergen beginnt.

Ein gutes Stück Werbung

In den Unterwegshäfen soll das deutsch-norwegische Gemeinschaftsprodukt vorgestellt werden. Ein gutes Stück Werbung auch für die Stralsunder Werft. Dann legt das luxuriös ausgestattete Schiff zu seiner ersten regulären Reise ab: hin und zurück rund 2.400 Seemeilen und 66 Häfen entlang der norwegischen Küste. In Kennerkreisen gilt die Route schon lange als »die schönste Schiffsreise der Welt«. Sie dauert elf Tage.

Einige norwegische Passagiere wollen es sich nicht nehmen lassen, »ihr« neues Schiff »nach Hause« zu begleiten. Mit von der jungfräulichen Partie sind auch Vertreter der Werft, Reederei und internationaler Zulieferfirmen. Ein Manager lädt in die Fjordstadt Bergen ein, »weil es mir in Stralsund so gut gefallen hat und Bergen auch auf Rügen liegt«, freut sich der ältere Herr, dessen Textilprodukte überall an Bord verarbeitet worden sind.

Kapitän Harold Widding, der jeden Gast beim Anbordgehen per Handschlag begrüßt hat, manövriert seinen 120-Meter-Liner behutsam ins Sundfahrwasser. Von der gläsernen Brücke aus schweift sein Blick ein letztes Mal über die Hansestadt. Wetterkulisse: Sonnenschein vor dunkler Regenwand. Die unermüdlichen Abschiedswinker bleiben langsam als Punkte zurück.

MS NORDLYS, letztes Schiff einer ungewöhnlichen Dreier-Serie, nimmt Fahrt auf.

Die Inneneinrichtung kann sich sehen lassen. Vor allem ihr maritimes Flair aus nautischen Accessoires, Leder, Messing und viel Holz beeindruckt und lässt den Passagier sich wohlfühlen. Es liegt auf der Hand, dass Kunst, Dekor und Farben (übrigens bis heute in unveränderter Qualität) vom Nordlicht (Aurora Borealis) inspiriert sind.

Im Hurtigrutenmuseum in Stokmarknes wird übrigens der Schiffsgenerationswechsel eindrucksvoll präsentiert. Auf der kleinen FINNMARKEN, die an Land steht, ist das besonders augenfällig.

Flugzeugtechnik auf der Brücke

Mit ruhiger Hand dirigiert Lotse Peter Klotz den Liner aus dem norwegischen Tromsø zum nächsten Wegpunkt Palmer Ort, Rügens südwestlichster Spitze. Die Hochspannungsleitung zwischen der Insel und dem Festland scheint die Antennen zu streifen.

Infos

Schiffsdaten MS NORDLYS (TYP PCV 917-Schwesterschiffe: KONG HARALD, RICHARD WITH, auch sie schon 1993 mit großer internationaler Resonanz): Bauwerft: Volkswerft Stralsund; Baujahr: 1994; Baunummer: 303; Reederei: Hurtigruten ASA; Flagge: norwegisch

Technische Daten: BRZ: 11.204; Länge: 121,8 m; Breite: 19,2 m; Tiefgang: 4,5 m; 2 MaK-Hauptmaschinen: 12.000 PS (9.000 kW); Geschwindigkeit (max): 18 kn; Reisegeschwindigkeit: 15 kn (Verbrauch: 1.000 l Diesel/Std.); 2 Bugstrahlruder; Stabilisatoren

Crew: 35

Passagierzahl (max.): 691, Bettenzahl: 475; Ladefläche: 1.005 Quadratmeter (1 Backbord-Seitenpforte, 2 Lastfahrstühle).

Ein entgegenkommender Binnenfrachter, von der Brücke aus flach wie eine Flunder, weicht respektvoll nach Steuerbord aus. MS NORDLYS braucht Raum. Lotse Klotz hat das Manöver über Funk abgesprochen. »Ein Bonbon von einem Schiff«, kommentiert er navigatorische Ausrüstung samt Manövriereigenschaften und ergänzt: »So etwas habe ich noch nicht gefahren, optimal!«

Auffallend sind auf den geschmackvoll gestylten Konsolen zwei große farbige Tageslichtbildschirme. Das neueste jedoch ist eine elektronische Seekarte, die Kurs und Position selbsttätig aufzeichnet. »Hier ist Flugzeugtechnik eingezogen«, meint der Lotse anerkennend. Der Vergleich zu einem Jumbo-Cockpit hinkt nicht.

Lunch mit Heckaussicht auf den Sund und die Insel Rügen. Auch die Speisenauswahl – von diversen Salaten über Roastbeef und Lachs bis zu Hummer – lässt nicht den Eindruck aufkommen, man befinde sich auf einem kombinierten Fracht-Passagier-Schiff. Dazu das flussartige Fahrwasser samt Kreuzfahrtatmosphäre.

Ums Nordkap

Beim »Kap« Nordperd nach Thiessow dreht Klotz das Schiff mit Daumen und Zeigefinger auf Nordkurs. Von Steuerbord nähert sich ein grau-schwarzes Schiff mit der Aufschrift »Fischereiaufsicht«. Der Radarschirm zeigt nur noch 1,8 scheinbar beängstigende Seemeilen bis zur Schnittstelle beider Kurse, dem Kollisionspunkt. Laufend koppelt der Computer Kurs und Geschwindigkeit des »Gegners«. Parallel dazu werden Kurs und Geschwindigkeit der jeweiligen Situation automatisch angepasst. Alles im Interesse höchster Sicherheit im künftigen Fahrtgebiet, den norwegischen Fjorden und Schären mit tückischen Untiefen und Klippen. Kapitän Widding, langjähriger Hurtigrutenfahrer, spricht denn auch von einem »excellent ship, made in Stralsund«. Weil der Neubau als Post- und Frachtschiff auf der »schwimmenden Reichsstraße Nr. 1« verkehren wird, hat der norwegische Staat Steuergelder dafür lockergemacht.

Ha det bra – und tschüs! Wann wird es in Norwegen ein Wiedersehen geben – vielleicht sogar mit einer echten Nordkap-Umrundung?

Durch Nordmeer-Alpen

12. Dezember 2010: Die kleine Schar der 30 Passagiere kehrt pünktlich von Ausflügen zur Grenze und mit Hundeschlitten durch die Taiga an Bord zurück. »Wir sind kein Kreuzfahrer«, sagt Reiseleiterin Mette Indrevik, der »gute Geist des Schiffes«, »darum wird auch keine Rücksicht auf Zu-spät-Heimkehrer genommen.« Wie bestellt dröhnt das Typhon über den Bøkfjord. Letztes Signal an die Landgänger und die Besucher. Viele kommen mal kurz zum Kaffeeplausch an Bord, bei längeren Liegezeiten auch zum Essen.

Jedes Hurtigrutenschiff, auch die beiden Oldtimer von 1956 und 1964, bietet Kreuzfahrtstandard. Im Sommer allerdings wird es eng an Deck. Kenner aus aller Welt hingegen fahren in den weniger gebuchten Wintermonaten, wenn arktisches Licht den Himmel dramatisch mit Pink-, Orange-, Grau- und Blautönen anstreicht, Schnee die »Alpen des Nordmeeres« überpudert oder sogar giftgrüne Nordlichtschleier – größter Adventswunsch aller Mitfahrer – durch die Dunkelheit wabern. So steht denn die Reise, für viele ein Lebenstraum, auch unter dem Motto »Hunting the light«. NORDLYS – der Name »Nordlicht« ist Programm.

Daraus wird wohl an diesem Tag nichts. Schwarzgraue Wolken jagen im Tiefflug aus Nordwesten heran. Geradezu unheilverkündend! Ein Schneeschauer nach dem anderen peitscht seine Flocken waagerecht durch die Luft. Im Nu ist das grüne Deck weiß. Der Wind heult durch den Signalmast. 15 Uhr: Zwei dick vermummte Festmacher werfen die Leinen los. In der verglasten Backbordbrückennock Kapitän Kai Albrigtsen. Seine seemännische Karriere fing vor 30 Jahren bei der Reederei an. In der Zeit avancierte der freundliche 45-Jährige vom Schiffsjungen zum Kapitän. Das Revier kennt er wie seine Westentasche.

Manöver greifen nicht

Doch heute nützt ihm das nichts, der Wind ist stärker und nimmt zu. Albrigtsen versucht sein Schiff mit dem Bugstrahlruder von der Pier zu drücken. Gegen die Steuerbordflanke, die wie ein riesiges Segel wirkt, stemmt sich der Wind. Schließlich rasselt der Steuerbordanker ins aufgewühlte Fjordwasser, um dem Schiff vorn Halt zu geben. Chief-Ingenieur Tor Olaf Jakobsen bringt durch seine 12.000 PS das Heckwasser zum Kochen.

Keine Chance! Die Manöver greifen nicht. Irgendwann torkeln Lichter durch das Schneechaos auf die NORDLYS zu: ein Schlepper mit Heimathafen Murmansk. Er hat, versteckt hinter in Stralsund gebauten russischen Atlantik-Supertrawlern, gelauert, die wegen offener Rechnung arretiert worden sind.

Seine 50 Tonnen Zugkraft lassen die Schleppleine wie eine Klaviersaite vibrieren. Mit 100 Tonnen Gegendruck pro Quadratmeter reagiert der Sturm. In Zeitlupentempo siegen schließlich die geballten Maschinenkräfte. Schwerfällig legt sich NORDLYS auf die Seite, bis ihr Steven auf Kurs voraus zeigt und die Trosse ins schwarze schaumgekrönte Wasser klatscht. Es war das erste Mal, dass Schlepperassistenz beim Ablegen angefordert werden musste.

MS Nordlys
in schwerer See
am Nordkap

Beginn der Seereise. Kaum ist der große Varangerfjord erreicht, fängt das Postschiff an zu nicken. Beim Abendessen lässt sich nur noch eine Handvoll Passagiere blicken. Draußen türmen sich die Wellenberge und waschen an den Restaurantfenstern entlang. Immer wieder erzittert der Rumpf wie unter Riesenhammerschlägen, wenn er in ein Tal taucht. Mettes Durchsage in vier Sprachen elektrisiert alle: »Meine Damen und Herren, bitte sichern Sie alle Gegenstände in Ihrer Kabine und suchen Sie das Bett auf. Es wird heute Nacht bis morgen Vormittag sehr stürmisch!«

Aus einigen Kabinen dringen unmissverständliche Geräusche, die auf Seekrankheit schließen lassen.

Zertifizierte Unwetterbilanz

Mittlerweile hat man sogar auf Deck 7 die Wellen auf Augenhöhe, schätzungsweise zwölf Meter. Und damit nicht genug: Bis zu 45 Grad legt sich das Schiff, trotz ausgefahrener Stabilisatoren, auf die Seite und richtet sich ächzend mühsam wieder auf. Die Stühle wirbeln, obwohl gelascht, durch die Kabine, Schubladen fliegen auf, der Kleiderschrank schießt seinen Inhalt an die gegenüberliegende Wand, Gläser zerspringen, Flaschen rollen aus dem Kühlschrank. Es wird gefährlich. An Schlaf ist nicht zu denken, nur an Eigenschutz und -sicherung. Eine Schreckensnacht, die so leicht niemand vergessen wird! Nicht umsonst ist die Barents-See für ihr Wüten so berüchtigt.

Erst nach siebzehn Stunden, querab schält sich, auf 71 Grad Nord und nur noch 2.080 Kilometer vom Nordpol entfernt, der 307 Meter hohe Nordkap-Felsklotz (seit 1976 umrunden die Hurtigrutenschiffe ihn nicht mehr, sondern nehmen den kürzeren südlichen Weg durch den Mageroysund) aus den tiefhängenden Wolken, ist der Wetterspuk weitgehend ausgestanden und Kapitän Albrigtsen stolz auf die Stabilität seines Schiffes: »Gute Volkswerft-Qualität«, meint er anerkennend, »so was haben weder ich noch das Schiff je mitgemacht, obwohl ich hier schon seit dreißig Jahren bei jedem Wetter fahre.« Bilanz: Windstärke 12 Bft plus, 180 Kilometer pro Stunde Windgeschwindigkeit, bis zu achtzehn Meter hohe Wellen, drei über Bord gerissene Rettungsinseln. »Da hat uns«, informiert Albrigtsen, »ein ausgewachsener Hurricane erwischt, den Mensch und Schiff zum Glück heil überstanden haben!« Die Sturmprobe wird jedem per Zertifikat bescheinigt und vom Kapitän überreicht – wie ein Weihnachtsgeschenk.

In 30 Jahren vom Messejungen zum Kapitän

NORDLYS-Kapitän Kai Albrigtsen im Gespräch

PSW: *Wie sind Sie Hurtigrutenkapitän geworden?*
Kai Albrigtsen: Gleich nach der Schule fing ich an, ganz unten: als Messejunge auf Hurtigrutenschiffen. Bis ich in den Decksdienst wechselte. Dazu gehörte auch ein Jahr Fahrtzeit als Motormann in der Maschine der alten KONG OLAV. Zwei Jahre dauerte dann die Ausbildung an der Seefahrtsschule in Bodø. Es folgten Stationen als Zweiter und Erster Offizier, bis ich 2008 zum Kapitän auf der FINNMARKEN ernannt wurde. Auf der absolvierte ich meine längste Reise: von Norwegen nach Australien. Eine holländische Erdölfirma hat das Schiff für drei Jahre als schwimmendes Arbeiterwohnheim gechartert.

PSW: *Welche Voraussetzungen braucht man, um ein Schiff in den nicht ungefährlichen norwegischen Küstengewässern zu fahren?*
Kai Albrigtsen: Wichtig ist vor allem eine profunde Kenntnis der gesamten Küste, das heißt Häfen, Winde, Strömungen, Wetter. Hauptherausforderung ist das Manövrieren. Grundsatz dabei: niemals gegen, sondern immer mit den Elementen!

PSW: *Welche Eigenschaften sind für eine Kapitänspersönlichkeit besonders wichtig?*
Kai Albrigtsen: Immer die richtige Entscheidung zu treffen. Auf der letzten Reise musste ich zum Beispiel vier Häfen ausfallen lassen, weil die Wetterbedingungen einfach zu schlecht waren.

PSW:*Wie viele Reisen macht das Schiff eigentlich pro Jahr?*
Kai Albrigtsen: Rund 30 bis 32. Wir fahren 21 Tage und haben dann 21 Tage Urlaub.

PSW: *Welcher Monat ist für Sie der schönste für eine Hurtigrutenreise?*
Kai Albrigtsen: Eindeutig der April. Da herrscht im hohen Norden noch Winter, im Süden hingegen beginnt der Frühling, und es wird allmählich heller – ein Kontrastprogramm. Der Winter ist zwar für hartgesottene Passagiere besonders schön, für uns als Nautiker aufgrund der schnell wechselnder Wetterbedingungen und Dunkelheit aber nicht so sehr. Obwohl ich ein Fan des arktischen Lichts bin mit seinem Himmel in Pink-, Lila-, Orange-, Blau- und Grautönen.

PSW: *Wie stehen Sie zu Ihrer Entertainerrolle?*
Kai Albrigtsen: Das gehört für mich dazu, wenn man Gäste hat. Bei meinen Runden durchs Schiff treffe ich viele interessante Leute, die schon alles gesehen haben. Im Gespräch gestehen sie mir dann, dass eine Hurtigrutenreise für sie der Höhepunkt ist. So was motiviert mich immer wieder, den Menschen die Besonderheiten unserer kombinierten Fracht- und Passagierlinie sowie des Küstengewässers nahezubringen. Dazu gehören unter anderem auch Routeninformationen, die Polartaufe oder eine Trockenfisch-Probierrunde.

PSW: *Glückwunsch, Kapitän Albrigtsen, zu Ihrer außergewöhnlichen Karriere und vielen Dank für dieses Gespräch!*

»Wir sind kein Kreuzfahrtschiff«

NORDLYS-Reiseleiterin Mette Frederikke Indrevik im Gespräch

PSW: *Sie gelten als die »gute Seele« der NORDLYS. Wie schafft man das?*
Mette Indrevik: Indem man immer präsent und für die Gäste da ist. Das heißt zuhören, informieren, beraten, helfen und dabei immer lächeln können.

PSW: *Ein ganzes Bündel von Fähigkeiten, das Sie beherrschen müssen. Welche Voraussetzungen braucht man dafür?*
Mette Indrevik: Die Fähigkeit, sich auf die unterschiedlichsten Menschen einstellen und einlassen zu können. Natürlich auch diplomatisches Fingerspitzengefühl und Fachkompetenz.

PSW: *Wo lernt man das?*
Mette Indrevik: Zum Beispiel auf einer internationalen Hotelschule. Ich habe ein entsprechendes Studium in der Schweiz absolviert und mit dem Master-Diplom abgeschlossen. Bevor ich an Bord anfing zu arbeiten, durchlief ich verschiedene Führungspositionen in der Hotellerie an Land.

PSW: *Wie man während unserer Reise sieht, sind viele unterschiedliche Nationen an Bord. Wie kommen sie denen entgegen?*
Mette Indrevik: Eine große Kommunikationshilfe ist es, dass ich mehrsprachig bin. Neben Norwegisch, meiner Muttersprache – ich komme aus Bergen –, spreche ich Deutsch, Englisch, Französisch, Spanisch und Italienisch.

PSW: *Sie haben in Ihrem Einführungsvortrag gesagt, dass die Hurtigrutenschiffe keine Kreuzfahrer sind. Was meinen Sie damit?*
Mette Indrevik: Wir bieten zwar einen gewissen Kreuzfahrtstandard, aber nicht das ganze Programm, wie es auf solchen Arbeitsschiffen üblich ist. Die Gäste suchen Ruhe und möchten die schöne Küstenlandschaft genießen, so etwas wie Entertainment findet nur am Rande statt: Vorträge, Filme, Musik. Kleidervorschläge gibt es auch nicht. Man

darf nicht vergessen, dass die Schiffe als Teil des norwegischen Alltags auch Fracht und Tagesgäste transportieren, die von einem Hafen zum nächsten unterwegs sind. Meine Position ist daher auch nicht die einer Kreuzfahrtdirektorin, sondern nur eines Tour Leaders, also einer Reiseleiterin.

PSW: *Was machen Sie während Ihres Urlaubs?*
Mette Indrevik: Ganz obenan steht meine Familie, dann kommen Segeln und Skilaufen, aber auch Kreuzfahrten. Im nächsten Urlaub geht's durch den Indischen Ozean.

PSW: *Noch viele, interessante Hurtigruten- und Kreuzfahrtreisen sowie nette Gäste! Danke für das Gespräch!*

Gut zu wissen:

Für die Passagiere:
umfangreiches Infomaterial vorab, Ausflugsangebot, Fahrrad-, Schiebeschlittenausleihe, Polartaufe, Vorträge, Filmvorführungen, keine Kleidervorschriften, Essen sehr gut (immer frische Meeresprodukte im Büfett-Angebot) und reichlich, alkoholische Getränke sehr teuer (z.B. 0,4-l-Glas Bier: rund 10 €).
Sehr kompetente, freundliche und (auch in Bezug auf ihre Hobbys Segeln, Skilaufe, Reisen) vielseitige Reiseleitung. Mette Frederikke Indrevik ist nicht nur studierte Hotelmanagerin mit Master-Diplom, sondern spricht neben Englisch, Französisch, Italienisch und Spanisch auch fließend Deutsch.
Ihr Hinweis ist nicht zu überhören: »Die Gäste denken manchmal, dass sie auf ein Kreuzfahrtschiff kommen, aber dies ist ein Arbeitsschiff, Teil des norwegischen Alltagslebens, mit ruhiger Atmosphäre.«

Schlittenfahrt auf den Lofoten

Empfehlung für beste Reisezeit:
Mai (im Norden noch winterlich, im Süden frühlingshaft und Sonnenlicht, noch nicht so voll wie im Sommer); auch Kapitän Kai Albrigtsen ist dieser Meinung.
Sehr empfehlenswert Hurtigruten im Internet:
www.hurtigruten.de; www.norwegische-postschiffe.de; www.visitnorway.de;
Sehr empfehlenswerte Lektüre:
Michael Möbius, Annette Stehr: »Die schönste Seereise der Welt«, Dumont Reise-Taschenbuch (erhält man mit der Buchung, ebenso »Hurtigruten – die schönste Seereise der Welt«).
Am Rande vermerkt der Reiserekord (geradezu Guinness-Buch-verdächtig): 800 Fahrten mit Hurtigruten-Schiffen (Knut, »ehrenamtlicher« Festmacher von Ålesund)!

ABSOLUTER HIGHTECH-EXPRESS MIT SEGELFLÄCHE

Nord-Ostsee-Liniendienst setzt Maßstäbe mit ungewöhnlichem Schiffstyp

Schauplatz Schleuse Brunsbüttel. Schiffe steuern von der Elbe kommend den Nord-Ostsee-Kanal an oder verlassen ihn. Allenfalls die Seh-Leute auf der Zuschauerterrasse staunen noch. Das soll sich jedoch bald ändern.

»Da kommt Ihr Dampfer«, nickt der Festmacher Richtung Westen und ergänzt anerkennend: »'n ziemlich dicker Brocken!« Er greift sich eine Wurfleine und stiefelt mit seinen Kollegen davon. Über die Baumkronen hinter dem Deich schiebt sich eine alles überragende weiße Wand. Weithin sichtbar die meterhohen Aufschriften in blau-roten Lettern TRAFEXPRESS auf dem Wellenbrecher und reinblau TRANSFENNICA an den Flanken. Respekt!

Die TRICA und ihre bislang noch drei Schwestern repräsentieren einen von der Stettiner Werft SSN und der Amsterdamer Traditionsreederei Spliethoff neuentwickelten Schiffstyp: ein ConRo-Frachter, mit einer mächtigen 23 Meter breiten Heck- und weiteren Innenrampen, ausgelegt für den Transport von rollender Ladung und Containern. Nach dem Prinzip: zwei Schiffe in einem mit noch mehr Flexibilität, Geschwindigkeit und Stärke.

Das Superschiff ist meins für die nächste Woche. Einmal Brunsbüttel–Finnland–Antwerpen und zurück.

An der Seitenpforte empfängt Zweiter Offizier Erik Franke den Schiffsmakler und mich: »Nach oben müssen Sie nur den grünen Händen folgen, die auf Deck gemalt sind«, sagt der junge Niederländer lächelnd, als er meinen fragenden Blick bemerkt. Vom Treppenhaus nach unten sind die Hände, Wegweiser für die Lotsen, gelb.

Gute, alte Zeit – vorbei

»Michiel«, stellt sich Kapitän van Mondfrans freundlich-unkompliziert vor. Ein paar Unterschriften und Stempel: Fertig ist die Prozedur für die Kanalpassage. Der Lotse und einer von zwei Steurern warten schon auf der Brücke. Auch die beiden staunen über die lichtdurchflutete, hochmoderne Kommandozentrale der TRICA: »Technisch-nautisch lässt sie absolut keine Wünsche offen.« Nur der Kaffeeduft erinnert noch an die »gute alte Zeit«. »Nach der sich niemand mehr zurücksehnt«, ist der 38-jährige Kapitän überzeugt, »wenn er ehrlich ist und so ein Schiff wie dieses erlebt hat.« In seiner Klasse ist der erst vier Monate junge Neubau Primus im Ostseeraum und im »Kieler Kanal«, wie ihn Michiel van Mondfrans mit holländischem Akzent nennt.

Infos

Schiffsdaten MS Trica:

Bauwerft: Stocznia Szczecinska Nowa S.A. (SSN), Szczecin/Stettin, Polen; Baujahr: 2007; Indienststellung: 22.10.2007; Typ: ConRo »B-201-11«; Schwesterschiffe (drei weitere bis Ende 2009 abgeliefert worden): Timca, Kraftca, Genca, Pulpca; Eisklasse: 1 A Super; Reederei: Spliethoff's Bevrachtingskantoor B.V., Amsterdam; Route (wöchentlich): Antwerpen (Fr)–NOK (Sa)–Hanko (Mo)–Rauma (Di)–NOK (Do)–Antwerpen (Fr) bzw. Lübeck–Hanko–Lübeck; Rufzeichen: PHLV; IMO-Nr.: 9307384

Technische Daten: BRZ: 28.289; Displacement: 31.105 Tonnen; Länge: 205 m; Breite: 25,50 m; Tiefgang (max.): 8,50 m; Höhe: 46,3 m; Lademeter: 2.900 m; Container-Kapazität: 640 TEU; Hauptmaschinen: 2 x Wärtsilä 12 V46C zu je 12.600 kW; Tagesverbrauch (bei 75 % Auslastung): rund 60 Tonnen schwefelreduziertes Schweröl; Bugstrahlruder: 2 x 1.250 kW; Propeller: 2 x Verstellpropeller (5 m Durchmesser); Ruder: 2 x Hochleistungsruder; Stabilisatoren: 2 x (6,5 x 1 m)

Crew: 19; LKW-Fahrer: 12

Im Zeitlupentempo schiebt sich der 205 Meter lange und 25,50 Meter breite Spezialfrachter aus der Schleusenkammer in den NOK. »Mit der tiefgangsbedingt höchsten Verkehrsgruppe sechs haben wir erst mal freie Fahrt«, erklärt der Lotse, »damit ist die Trica ein sogenannter Absoluter.« Der Steurer indes schwärmt vom Manövrierverhalten: »Ein richtiger Kanal-Mercedes!«

Unter den Brücken bleiben nur noch knapp zwei Meter Luft für den Signalmast. Atemberaubend ist auch der weitschweifende 360-Grad-Blick über Schleswig und Holstein. Den auf uns in den Weichen wartenden Schiffen kann man problemlos in den Schornstein schauen.

Gegensteuern bei 5.000 Quadratmetern

Nach rund acht Stunden weitet sich die Kieler Förde zur Ostseebucht. Hebel auf den Tisch! Mit 22 Knoten prescht der weiße Riese durch die Nacht. Es bläst heftig schräg von vorn. »Das kann doch«, so Chief Jan Aardema, bekennender Harley-Fahrer, »meine 25.200-kW-Doppelmotorenanlage nicht bremsen.« Wie es denn in einem engen Revier sei, möchte ich wissen. »Da müsste man allerdings kräftig gegensteuern«, schränkt Erster Offizier Gerard Hollander ein, »beim letzten Mal nach Hanko sogar mit extremen 45 Grad.« Das liege an der enormen Außenfläche von maximal 5.000 Quadratmetern, »mehr als der größte Windjammer der Welt Segelfläche hat«.

Rollende und schwebende Ladung

Papierrollen werden in Hanko gestaut.

Ruppiger Seegang indes hat wenig Chancen bei der TRICA. Zwei sechs Meter lange Flossenstabilisatoren sorgen für weitgehend ruhige Fahrt. Nicht nur vorrangig zum Wohl der Ladung, sondern auch zur Freude der Crew. Da benehmen sich andere Schiffe neben uns deutlich anders. Ihr Stampfen oder Rollen ist geradezu mitleiderregend. »Das ist mehr was für jüngere Leute«, lacht Chief mate Hollander, der mit seiner Frau im Urlaub eine ehemalige Dorfbäckerei zur Pension ausbaut. Er und seine Kollegen freuen sich erst mal auf das »soziale Bier« an der Bar in der Offiziersmesse. Das spendiert der Kapitän am Sonntag vor dem Mittagessen. Der Koch hat dazu Snacks vorbereitet. »Lecker, lecker!«, strahlen die Niederländer. Auch Ehefrau und Eltern von Steuermann Eric Franke gehören zur familiären Runde.

Pünktlich, nach einem Seetag und einer Nacht, kommt am übernächsten Morgen Hanko in Sicht. Kapitän van Mondfrans dreht den Frachter auf dem Teller und manövriert ihn an seinen Liegeplatz. Und das auch noch rückwärts um die Ecke. »Bei diesem ruhigen Wetter kein Problem«, lächelt der Kapitän entspannt, »vor allem nicht mit zwei Verstellpropellern und je zwei 1.250-kW-Bugstrahlrudern.« Der Lotse schaut zu.

TRICA und ihre Schwestern TIMCA, KRAFTCA und GENCA bewegen sich wegen ihrer Größe in diesem Hafen allerdings schon am Limit, meint Michiel. Rapide gewachsen sei nur das Ladungsaufkommen. Das Gelände platzt förmlich aus den Nähten und ist zugestellt mit Lkw-Trailern und Neuwagen.

Kollegenbesuch mit Fachsimpelei

Gegenüber liegt der RoRo-Frachter AURORA der Rostocker Reederei Scandlines. Ihr Kapitän Gabriel Moritz nutzt die Liegezeit zu einem Besuch bei seinem TRICA-Nachbarn. Der führt seinen deutschen Kollegen stolz durch das hypermoderne Schiff. Die beiden kommen ins Fachsimpeln und Vergleichen. Zwischen seinem gemütlichen Dampfer aus den Achtzigern und dem 2007er-Neubau lägen Welten, zieht Moritz nach einer Kaffeerunde auf der Brücke Bilanz. Seine schon fast nostalgische AURORA behält er dabei liebevoll im Blick. Ebenso wie die TRICA-Fahrer das erste Schiff dieses Namens, ein kleiner Küstenfrachter aus den fünfziger Jahren. Ihr Bild dient nun als Bildschirmschoner. »Der damalige Kapitän«, erzählt Michiel van Mondfrans, »ist hier vor kurzem mitgefahren. Er war erst skeptisch, dann aber total begeistert.«

Ich nutze den Nachmittag zu einem Stadtbummel mit Strand- und Waldspaziergang. Plötzlich bimmelt mein Handy. Am Apparat der Kapitän: »Wir laufen in 45 Minuten aus.« Ich stehe bereits am Sicherheitszaun hinter dem TRICA-Heck. Zufällig geht der Kapitän eines Schleppers von Bord und schließt

Die weitläufige TRICA-Brücke überragt die Nord-Ostsee-Kanal-Böschung

mir eine kleine Pforte auf. Ohne Umweg komme ich rechtzeitig zurück an Bord. Drei Stunden früher als geplant ist TRICA fertig. Als sie ausläuft, vergoldet der Sonnenuntergang die karge Schärenlandschaft.

Geschmacksfrage: gepuderte S-Klasse

An den Ålandinseln vorbei nimmt das Schiff über Nacht Kurs auf das rund 250 Seemeilen nördlich gelegene Rauma. Die 38.000-Einwohner-Stadt ist ein bedeutender Standort der finnischen Papierindustrie. Weiße Dampfschwaden und ein süßlicher Holzgeruch liegen in der Luft. 3.500 Tonnen werden als tonnenschwere Rollen in den Laderäumen der TRICA gestapelt. Dazu jede Menge Container auf dem Wetterdeck, bis zu vier übereinander, und mehrere komplette Schiffsantriebsanlagen von jeweils 80 Tonnen Gewicht. Geladen auf Kassetten, wie die radlosen Gestelle genannt werden. Herangeschafft von Spezialgabelstaplern. »Das spart enorm viel Zeit«, erklärt Chief mate Hollander, der von seinem Ladebüro aus alles überwacht und durch Wasserballast für die richtige Stabilität sorgt.

Kapitän van Mondfrans lädt mich zu einem Schiffsbesuch der anderen Art ein. In Sichtweite zur TRICA liegt die SPAARNEGRACHT. Sie gehört wegen ihres Anfangsbuchstabens zur S-Klasse der Spliethoff-Gruppe, dem Mutterunternehmen der ehemals finnischen Firma Transfennica, zu der wiederum die TRICA gehört. Der konventionelle 22.000-Tonner mit drei 120-Tonnen-Kränen löscht China-Kleie aus dem Amazonas-Delta für die Papierherstellung. Das weiße tonartige Mehl hat den Frachter mit einer hartnäckigen Puderschicht überzogen. Auch den SPAARNEGRACHT-Kapitän. Während er lange Seetörns mag, ist sein Kollege Michiel mehr für das TRICA-System: zwei Monate saubere Ladung fahren mit häufigem Landkontakt und dann zwei Monate Urlaub. Die Amsterdamer Seefahrtsschüler, die in Antwerpen zu Besuch an Bord kommen, suchen hingegen das Abenteuer. Jeder nach seinem Geschmack.

Hölzernes Weltkulturerbe und Spitzenschiff

Bevor ich nachmittags losziehe, melde ich mich beim Ersten ab. Es könnte ja wieder früher werden...

Rauma, Finnlands drittälteste Stadt mit Rechten seit 1442, wirbt mit dem größten zusammenhängenden Holzhausviertel Skandinaviens. Die 600 überwiegend ockergelben oder roten Häuser sind 200 bis 300 Jahre alt und stehen als Weltkulturerbe unter UNESCO-Schutz.

Diesmal ist es eine SMS, die mich alarmiert. Als ich mich an Bord zurückmelde, geht gerade der SPAARNEGRACHT-Chef von Bord, beeindruckt von dem, was er gesehen hat.

Ein paar Eisschollen treiben im Hafen. In diesem Winter braucht der Kraftprotz mit der höchsten Eisklasse 1 A Super weder die noch ihren eisbrechenden Steven. Der ist eine Spliethoff-typische Erfindung, die einigen Reedereischiffen ihr unverwechselbares Aussehen verleiht. Warum das so sei, möchte ich wissen. »Weil sie so besser in die Hecktasche eines Eisbrechers passen würden«, erklärt Michiel grinsend. »Kein Seemannsgarn«,

Die MS Trica im Nordseeorkan

fährt er fort, »denn wenn ein Schiff an den Eisbrecher gekoppelt werden muss, darf der Steven oben nicht mehr als 2,50 Meter überhängen.«

Nördlich von Gotland überfällt uns dafür schon Ende Februar der erste Frühjahrssturm. Trica nimmt's gelassen. Auf ihrem Kurs zum Nord-Ostsee-Kanal lässt sie – trotz Öko-speed und meterhohen Wellen, mit denen andere zu kämpfen haben – alles hinter sich. Chief Jan findet das völlig normal.

Pünktlich kommt voraus der Leuchtturm Kiel in Sicht.

An der Station Nübbel hinter Rendsburg steigt nicht nur der nächste Lotse über. Auch zwei staunende junge Frauen, die »noch nie auf einem so großen Schiff« waren. Juristinnen der Wasser- und Schifffahrtsdirektion Kiel, wie bei der Vorstellungsrunde zu erfahren ist. Der Ältermann der Brüderschaft, Michael Hartmann, hat extra die Trica ausgesucht, um den Damen auf Informationstour ein Spitzenschiff vorzuführen. In der Schleuse Brunsbüttel wird das Erlebnis noch getoppt, als in die gegenüberliegende Kammer das Transfennica-Express-Schwesterschiff Genca auf Gegenkurs einläuft.

Genau dort endet zwei Tage später – nach einem Antwerpener Rekordumschlag von rund 14.000 Tonnen in nur sieben Stunden und Nordsee-Orkan »Emma« – auch meine 2.600-Seemeilen-Rundreise.

Gut zu wissen:

www.transfennica.com
Buchung:
Internationale Frachtschiffreisen Kapitän Peter Zylmann; E-Mail: info@zylmann.de

BROTWEIZEN UND STABILISATOREN

HELA – 42 Jahre alt und noch kein bisschen müde

»Nie gehört! Wo liegt d a s denn?« Der grün Uniformierte kratzt sich verlegen den Kopf, denn mit »Vierow« kann er absolut nichts anfangen.

Kapitän Willem Blanck muss schon genauer werden: Vorpommern, Greifswalder Bodden, Greifswald, Rügen, Stralsund nennt er eine Reihe von geografischen Koordinaten für das Ratespiel. Dann endlich geht dem Hamburger Zollbeamten ein Licht auf: »Ach, ja – da oben kommt ihr her!«

24 Stunden zurück. Über dem kleinen Hafen Vierow liegt eine gelbliche Staubwolke. In die Laderäume von zwei Küstenfrachtern prasselt pausenlos Getreide, genauer gesagt: Brotweizen. Die Luft duftet fast schon nach frischem Weißbrot.

Rechts, knapp über der Kaikante, lese ich den Namen: HELA, darunter als Heimathafen »Stralsund«. »Das isser!«, sagt mein Kollege Christian und stellt erst mal seinen Rucksack ab, um sich umzuschauen. Beiderseits der Pier eine landschaftliche Idylle aus Feldern, Strand, Findlingen und Knicks.

Gemütlichkeit mit Bullaugen

Ein Hüne kommt auf uns zu, lächelt und streckt die Hand aus: »Ich bin Peter Holtheuer, der Erste Offizier, willkommen an Bord! Der Kapitän steht da drüben am Heck!« Willem Blanck ist gleichzeitig Eigner des Frachters, der seinem Namen alle Ehre macht: Die Farbe glänzt nur so in der Sommersonne. Der Kapitän strahlt. Auch zwei philippinische Matrosen, die er mit unserem Gepäck in den »Keller« schickt. Ein Deck tiefer nämlich liegen unsere Kammern, wie man die Kabinen auf einem Frachter nennt. Deren in dunklem Holz gehaltene Gemütlichkeit mit Bullaugen und Gardinen überrascht uns. Platz haben wir jedenfalls genug. Wir hatten Schlimmeres befürchtet bei nur 61 Metern Schiffslänge. »Dusche und Toilette findet ihr gleich nebenan«, instruiert uns der Kapitän, »und in einer Stunde wollen wir auslaufen.«

Meine Gastgeschenke finden großen Anklang: zwei Stralsund-Flaggen. Eine Heimathafen-Gösch für den Bug und ein Wimpel für die Brücke. »Jetzt sind wir endlich komplett ausgerüstet«, freut sich Blanck.

Wie es zum Heimathafen Stralsund kam, wollen wir wissen. »Nach der Wende erhielt man problemlos Jungunternehmer- und Existenzgründer-Darlehen«, holt der 37-jährige Blanck aus, »aber wir mussten uns für einen ostdeutschen Hafen entscheiden«. Sein Vater Klaus, Bruder Bernd mit seiner BETA und Willem waren mit ihren Schiffen schon oft am Sund, sodass ihnen die Wahl nicht schwerfiel.

Und der Name? Mit HELA sei nicht etwa die Halbinsel vor der Danziger Bucht gemeint. »Mein Sohn kam beim Sonntagsfrühstück auf die kuriose Idee«, erklärt der Kapitän schmunzelnd, »unser gerade gekauftes, aber noch nicht umgetauftes Schiff so zu nennen. Das Label seines Lieblings-Ketchups hat ihn dazu angeregt«.

Infos

MS HELA (Ex-Namen LORE -93, WOTAN -91):
Baujahr: 1966; Bauwerft: J.J. Sietas Schiffswerft, Hamburg-Neuenfelde; Baunummer: 582; Flagge: deutsch; Heimathafen: Stralsund; Klassifizierung: Germanischer Lloyd (GL); Eigner: Willem Blanck, Freiburg/Unterelbe; Charterer: Rhein-Maas-Schifffahrt (RMS), Duisburg; nur durch ständige vorbeugende Pflege habe sich der Frachter so gut gehalten, betont der Eigner, der die HELA inzwischen verkauft hat. Sie fährt jetzt als HEIN mit Heimathafen Husum.
Technische Daten: BRZ: 861; tdw: 1.065; Länge: 61,75 m; Breite: 10,04 m; Tiefgang: 3,58 m; Seitenhöhe: 6,20 m; Luken: 2 (19,2 und 10,2 x 6,40 m), 1 Raum; Maschine: langsam laufender 368 kW, Klöckner-Humboldt-AG, Köln; Knoten: 10,5

MS HELA im Heimathafen Stralsund
Christian Rödel

Tau-Schlangen und Captains Dinner

Es ist Mittagszeit. Wir versammeln uns in der winzigen Offiziersmesse. Gemeinsam mit dem Kapitän und Ersten Offizier. Matrose Wilhelm Flores, genannt Willi, hat in der ebenso winzigen Kombüse gekocht und serviert auch das Captains Dinner wie jeden Tag. Natürlich ist neben Nudeln auch Reis dabei, dazu Gulasch und Salat. Wir sind begeistert, was der rundliche, stets lachende Asiate neben seiner Decksarbeit auf den Tisch gezaubert hat. Kaum hat er den Schokopudding verdrückt, klettert Willem Blanck eine Treppe höher auf die Brücke. Wir hinterher.

Er drückt den Starterknopf, Pressluft zischt in die sechs Zylinder und schwerfällig rumpelnd springt der Deutz-Diesel an. »Der ist genauso alt wie das Schiff«, sagt Willem ungefragt, »und hat uns bisher nicht im Stich gelassen«. Über Lautsprecher gibt er dem Ersten seine Anweisungen: »Leggo!« Das heißt so viel wie: »Leinen los und ein!« Signal für einen Hafenarbeiter, sie von den Pollern abzustreifen und ins Boddenwasser klatschen zu lassen. Wilhelm, Roel und Godofredo, die philippinischen Seeleute, holen sie durch. An Deck türmen sich Tau-Schlangen. Willem legt den Maschinentelegrafen auf »Ganz langsam« und drückt den Steuerhebel leicht nach rechts. HELA löst sich träge von der Pier. »Beginn der Seereise« notiert der Kapitän im Schiffstagebuch die Uhrzeit.

Bald wummert das robuste Diesel-Herz in rhythmischem Takt und treibt den Frachter durch den Greifswalder Bodden: an Backbord die Steilküsten und Strände von Rügen, Steuerbord die toten Schornsteine des früheren Kernkraftwerks Lubmin, wenig später die Inseln Ruden und Greifswalder Oie, östlichster Punkt Deutschlands.

Schon einige Seemeilen vor Saßnitz schimmert weiß die Kreideküste der Stubbenkammer, die von dichtem sattgrünem Buchenwald bedeckt ist. Zum Greifen nah wird sie passiert wie auch Kap Arkona und die Insel Hiddensee. Im Schwell der vorbeirauschenden Scandlines-Fähre SASSNITZ wiegt sich HELA fast genüsslich. »Selten, dass die See hier so ruhig ist«, weiß Willem Blanck aus Erfahrung, »und die Sicht so gut.« Weitab an Steuerbord ist heute sogar die 35 Seemeilen entfernte Kreideküste der dänischen Insel Møn auszumachen.

Deutz als Schlafmittel

Durch geöffnete Schlauchanschlüsse der Deckwaschpumpen sprudelt frisches Seewasser auf das Vorschiff. Die schwüle Luft animiert mich zu einem erfrischenden Bad.

Spät am Abend dreht die HELA in die berüchtigte Kadetrinne ein. »Viel Verkehr mal wieder«, kommentiert Erster Offizier Peter Holtheuer die Lage in der stark befahrenen Meeresstraße zwischen Falster und Mecklenburg-Vorpommern. Wie Glühwürmchen kriechen die Echos der Schiffe über den Radarschirm. Hinter den Brückenfenstern sind sie als ein reales Meer grün-roter und weißer Lichter auszumachen. Eine große Fähre dreht rechtzeitig nach Steuerbord, um der kleinen HELA nicht in die Quere zu kommen.

»Morgen früh gegen sieben Uhr«, rechnet Peter, »sind wir vor der Schleuse Kiel-Holtenau. Hoffentlich müssen wir da nicht warten!« Der Nord-Ostsee-Kanal platzt, so hört man immer wieder, förmlich aus den Nähten, denn immer mehr und größere Schiffe passieren ihn. »Du weißt doch: time is money«, sagt der 64-jährige ehemalige Kapitän, der vor dem Ruhestand jahrzehntelang Schlepper gefahren ist, »das war nach meiner Frau die zweite große Leidenschaft von mir.« Jetzt fährt er nur noch als Urlaubsvertreter zur See: »Weil es mir immer noch Spaß macht.«

Peter bleibt auf der Brücke. Wir wünschen ihm »gute Wache!«, er uns im Gegenzug »gute Ruh!« Und ab geht's in die Kojen. »Der Deutz ist das beste Schlafmittel«, findet auch Seefahrtsneuling Christian.

Essen wie ein Pferd

Wie berechnet, steuert HELA die Schleuse Holtenau an. Das Einfahrtlicht zeigt grün. »Mannomann«, freut sich Willem, »haben wir mal wieder Schwein gehabt!« Im Vormast setzt Roel die blau-weiß gewürfelte Signalflagge »N«. Sie zeigt, dass HELA ein sogenannter Freifahrer ist, der keinen Lotsen braucht. »Dafür musste ich sechsmal unter Lotsenberatung fahren«, erklärt er, »inzwischen habe ich wohl über 650 Kanalpassagen absolviert«, ergänzt er nicht ohne Stolz, »kostet jedes Mal 300 Euro Benutzungsgebühren.« Unter »N« flattert jetzt auch ein längsgestreifter rot-weiß-blauer Wimpel. Seine Bedeutung: Das Schiff gehört der Gruppe drei an mit über 3,70 Meter Tiefgang. Willem informiert uns ausführlich: »Sechs Gruppen je nach Schiffsabmessungen gibt es insgesamt. Begegnen sich zwei Fahrzeuge, darf die Zahl acht dabei nicht überschritten werden. Also drei und fünf, vier und vier oder sechs und zwei.« Als viertes und letztes Schiff reihen wir uns in den westwärts laufenden Konvoi ein. Mit 7,5 Knoten pro Stunde geht es auf die 97 Kilometer lange Strecke, die »Hochsee-Autobahn« zwischen Nord- und Ostsee sowie Schleswig und Holstein. Ganz Eilige werden vom Ufer aus geblitzt. Das hat seinen tieferen Grund: Zu schnelles Fahren verursacht große Schäden am Kanalufer und -bett. Aber wir dürfen in einer Ausweichstelle den extrem langsam dahin schleichenden Konvoi überholen. HELA sprintet geradezu leichtfüßig vorbei. Das freut wiederum den Kapitän.

Stralsund-Tischflagge auf der Brücke – Kapitän Willem Blanck am Ruder im Nord-Ostsee-Kanal

Allerdings zwingen immer wieder entgegenkommende Schiffe HELA in eine der neun Weichen, besonders auf den ersten 18 Kilometern. Hier ist das Kanalbett so schmal, dass man auf größeren Schiffen glaubt, die Baumwipfel greifen zu können. In den kommenden Jahren soll der Schlauch erweitert werden, um den Infarkt zu vermeiden.

Nur wer ganz großes Glück hat, kommt ohne Staus in einem Rutsch durch. Wir brauchen heute neun statt sonst siebeneinhalb Stunden. Im Kanalfunk zur Lage wird mehrmals von »hohem Verkehrsaufkommen« gesprochen.

Wir verbringen den Tag auf der Brücke. Willem, der als Einziger an Bord berechtigt ist, durch den Kanal zu steuern, lässt sich das Essen nach oben bringen und isst im Stehen:

»Wie ein Pferd«, grinst er, »und passend dazu die netten Güllegerüche von den umliegenden Feldern.«

Sankt Pauli vielleicht?

Mit der abklingenden Nordseeflutwelle reitet HELA wummernd elbaufwärts. Die großen Containerfrachter laufen ihr davon. Fahrwassertonnen strudeln im braunen Wasser und verneigen sich zunächst noch gen Hamburg, später, bei ablaufendem Wasser, seewärts.

Das Villenviertel von Blankenese erstrahlt in vornehm gedämpftem Licht, als der Frachter vom Hauptfahrwasser in den Köhlfleet abbiegt. Im Finkenwerder Vorhafen wird neben einem Dutzend Binnenschiffen festgemacht. Die Frage beschäftigt alle: Wie lange? »Tja«, meint Willem gedehnt, »das hängt von der Öffnung der Rethebrücke ab, und die ist kaputt.«

Nach dem Abendbrot spielen wir ein paar Runden Malefitz in der Messe und genießen unser Feierabendbier. Ungewohnt die Ruhe im Schiff. Wir sind uns einig, was fehlt: »Der satte Deutz-Sound natürlich.«

Am nächsten Tag ist Landgang angesagt: Sankt Pauli vielleicht? »Nee, lass mal, lieber Finkenwerder!«, winkt Christian ab. Wir bummeln durch lauschige Altstadtgassen, fahren per Bus zum Elternhaus von Johann Kienau alias Gorch Fock am geschäftigen Airbus-Werk und genießen auf einer Bank die Stille in dem kleinen Oldtimerhafen am Köhlfleet.

»Vielleicht klappt's ja morgen«, sinniert Willem an Bord. Er muss den Weizen loswerden, weil schwergewichtige Terminladung auf das Schiff wartet.

Es wird Mittag, als der Diesel bullernd anspringt. Nach einer kleinen Hafenrundfahrt durch Köhlbrand und Rethe taucht vor uns die lädierte Hubbrücke auf: immer noch geschlossen! Willem muss viele Rückwärts- und Vorausmanöver fahren, bis das Mittelstück sich endlich hebt. Eine Geduldsprobe.

Am Wallmann-Kai im Reiherstieg-Hafen wird neben hohen Silotürmen festgemacht. »Diese überstehende Pier ist anscheinend nur für 30.000-Tonner und Größere gedacht, nicht für kleine Schiffe wie HELA«, meint Willem, als er die Kratzer an Steuerbordseite sieht. Sie stören ihn nicht weiter, denn »mit ein paar Pinselstrichen ist das Thema erledigt«.

Japanische Kolosse für Wismar

Drei Uhr früh, es gießt aus Kannen. HELA muss verholen. Rückwärts dampft sie zu ihrem Löschplatz. Willem flucht: »In meinem nächsten Leben werd ich Postbote, da weckt mich niemand um diese Zeit!«

Erst am folgenden Morgen können die Luken geöffnet werden. Ein Silomann entnimmt die vorgeschriebene Probe. Erst dann senkt sich ein Riesengreifer in den Laderaum. Der vorpommersche Getreideberg schrumpft zusehends. 1.000 Tonnen, eine Ladung für rund 60 16-Tonnen-Laster. Der Küstenschifferslogan »from road to sea« wird hier wortwörtlich umgesetzt.

Mit seinem Auto, das unter einem Kasten an Deck geparkt hat und per Kran auf die Pier gehievt wird, nimmt uns Willem mit nach Harburg. Ich muss gestehen, dass ich hier noch nie an Land gegangen bin. Mal sehen also, was der Hamburger Vorort so zu bieten hat. Wir müssen uns mit dem futuristisch anmutenden »Phoenix-Center« begnügen. Auf Einkäufe verzichten wir, gönnen uns aber Eis, Kaffee und Kuchen.

Abends ragt HELA hoch aus dem Wasser. Leer, aber überall von Körnern bedeckt, die wie Schnee unter den Sohlen knirschen und genauso glatt sind. Mit Besen und Handfegern rücken die Filipinos der Weizenschicht zu Leibe, später auch mit Wasserschläuchen. Bis die nächste Kurzreise durch den Hamburger Hafen beginnt. Wieder zum Warteplatz in Finkenwerder.

Der Erste hat Besuch von einem Freund bekommen, der mit seinem Container-Feederschiff an der Nachbarpier liegt. Wir sitzen auf der schummrigen Brücke. Peter wirft eine Runde Bier. Kapitänsgeschichten von Sturm, Bergung und Untergang stehen auf dem Abendprogramm. Die Luft knistert vor Spannung.

Am nächsten Vormittag brauchen wir nur um die Ecke zu fahren – in den Waltershofer Hafen. Voraus ein hellblaues Containerschiff: der 100.000-Tonner MAERSK SHEERNESS, unser Ziel. An dessen Backbordseite hat ein 200-Tonnen-Schwimmkran festgemacht, dessen Ausleger selbst das 55 Meter hohe Schiff überragt. HELA wiederum, die neben der

Einlaufend im Hafen Hamburg

MAERSK SHEERNESS wie deren Beiboot wirkt, macht am Kran fest. Beide Luken sind inzwischen picobello sauber, trocken und offen. »Jetzt kommt Ladung«, freut sich Willem, »wie wir sie mögen, sozusagen maßgeschneidert für die HELA: schnell, sauber und lukrativ.« Er ist erleichtert, dass er den terminlichen Rahmen exakt eingehalten hat, »sonst wäre uns der Auftrag womöglich durch die Lappen gegangen«.

68-Tonnen-Stabilisator schwebt in die Luke

Schon Minuten später schwebt ein weißer Koloss durch die Luft, wie von Geisterhand zentimetergenau dirigiert. »Der erste von zwei Stabilisatoren aus Japan«, weiß Peter, »und zwar für den Fährenneubau von Stena Line auf der Wismarer MTW-Werft.« Zwei solcher 68-Tonnen-Kolosse lädt HELA. Abschließend werden sie mit Ketten seefest gelascht.

»Luken dicht, das war's«, stellt Willem nach einer Stunde fest, »auf nach Wismar!«

Gut zu wissen:

Buchung *(Oldtimer-Fans werden den Geheimtipp zu schätzen wissen.) Preisgünstig kann man auf solchen Schiffen mitfahren. Nord- und Ostseehäfen stehen auf ihrem ständig wechselnden spannenden Fahrtprogramm.*
Buchungen bei der Internationalen Frachtschiffreise-Agentur Kapitän Peter Zylmann, Maasholm/Schlei: Tel. 04642-96550; E-Mail: info@zylmann.de

OSTSEE

Sie ist ein sehr beliebtes Meer, vor allem nicht ganz so wild wie ihre Schwester Nordsee. Die zeigt öfter mal ihre raue, wellengepeitschte Schale. Was vielleicht auch an ihrer nordexponierten offenen Lage zum Atlantik liegen mag.

Die Lateiner kennen sie als Mare Baltikum. Daher kommt es, dass sie in den skandinavischen Ländern Baltisches Meer genannt wird, international auf Englisch Baltic Sea.

Sie ist ein flaches Nebenmeer des Atlantischen Ozeans, von diesem nur durch die Skandinavische Halbinsel und Dänemark getrennt. Wissenschaftlich genau genommen wird sie als intrakontinentales Mittelmeer des nordeuropäischen Kontinents bezeichnet.

Die Ostsee im weiteren Sinne wird begrenzt von: Kattegat, Beltsee (mit Kieler und Mecklenburger Bucht), eigentliche Ostsee, Rigaischer, Finnischer und Bottnischer Meerbusen.

Von der Bottenvik bis Skagen erstreckt sich das Meer über eine Länge von etwa 1.700 Kilometern, ihre größte Breite beträgt etwa 300 Kilometer, ihre Gesamtfläche 413.000 Quadratkilometer, ihr Rauminhalt rund 20.000 Kubikkilometer. Mit nur 5,5 bis 15 Promille gilt die Ostsee als das größte Brackwassermeer der Erde.

Die eigentliche Ostsee reicht von der deutschen Ostseeküste (Linie Falster–Darß, »Darßer Schwelle«) im Westen bis zur Linie Stockholm–Ålandinseln–Estland im Nordosten. Es geht noch weiter in der Differenzierung in Arkonabecken (vor Rügen), Bornholmsee (östlich Bornholm), westliche und östliche Gotlandsee.

Die Entstehungsgeschichte der Ostsee ist geologisch gesehen noch jungen Ursprungs. In der ausgehenden letzten Vereisungsperiode, etwa vor 17.000 Jahren, füllte sich infolge des Eisrückgangs die Baltische Senke mit Schmelzwasser. Nachdem vorübergehend die Verbindung zum Ozean geschlossen war, bildete sich der Baltische Eisstausee. Bis 8.000 v. Chr. hatte er Bestand. Wiederholt wurde danach die Verbindung zur Nordsee hergestellt und getrennt. Dadurch erlebte die Ostsee diverse Salz- und Süßwasserepochen.

In einem weiteren Stadium, das zwischen 5.000 und 4.000 v. Chr. angenommen wird, bildete sich schließlich durch die Belte eine Verbindung zur Nordsee. So bahnte sich langsam die Gestalt der heutigen Ostsee an. In der Gegenwart hebt sich infolge der Eisentlastung besonders der Nordteil der Ostsee um rund 0,9 Meter in 100 Jahren. Infolgedessen musste in der Vergangenheit der schwedische Bottenvik-Hafen Lulea schon einmal Richtung Meer verlegt werden.

Touristisch und wirtschaftlich nimmt die Ostsee schon von jeher einen Spitzenplatz ein. Bei Kreuzfahrern rangiert sie nach Karibik und Mittelmeer auf Platz drei weltweit. Zwölf Millionen Menschen haben sich an Bord begeben, um die Anrainerstaaten Dänemark, Norwegen, Schweden, Finnland, Russland, Estland, Lettland, Litauen und Polen zu besuchen. Seit der Wende erlebten diese Länder einen bis dahin nicht gekannten Aufschwung.

Nicht nur, dass – wie an der Nordsee – alle Arten von nordischen Küstenformen zu finden sind, sondern es wird jede Menge Kultur geboten. Man kann auf den Spuren der Hanse wandeln oder sich für Backsteingotik begeistern. Idyllische und kontrastreiche Inseln wie zum Beispiel Møn oder Bornholm bieten Rückzugsmöglichkeiten für erholungssuchende Touristen. Das Meer lockt nicht nur zum Baden, sondern auch zu Segeltörns, große Traditionssegler treffen sich alljährlich zu Regatten in vielen Häfen wie Kiel, Travemünde, Warnemünde oder Helsinki. Schwedische und finnische Wälder bieten Hütten- und Wassersporturlaub für Einsamkeitssuchende, während in Städten wie Tallinn, Riga oder Kopenhagen Leben und Wirtschaft brummen.

Dazu trägt auch die Schifffahrt bei. Allein rund 90.000 Schiffe jährlich passieren allein die Kadetrinne zwischen Dänemark und Mecklenburg-Vorpommern, das auch touristisch glänzt wie nie. Es tut sich was im Ostseeraum, der durch kühne Brücken- und Tunnelprojekte immer stärker zusammenrückt. Eine Vielzahl von Fähren bietet bequeme Überfahrten mit Kreuzfahrtcharakter, ob von Kiel nach Oslo, Rostock nach Finnland, Travemünde nach Russland oder Mukran nach Ventspils. »From road to sea« lautet daher auch ihr Motto, weg von den stressigen Straßen auf die erholsamen Fähren. Sie sind und bleiben das Bindeglied zwischen Inseln und Festland, Mittel- und Nordeuropa. Daran wird sich auch mittelfristig nicht viel ändern. Ein Glück!

Göta-/Trollhättan-Kanal

Sein Weg führt von der Ostsee südlich Stockholm nach Göteborg am Kattegat/Nordsee. Er wurde im Jahre 1800 eröffnet, um den damaligen kleinen Seeschiffen den dänischen Sundzoll zu ersparen.

Der Götakanal (im Osten der Strecke und überwiegend touristisch genutzt von kleinen Kreuzfahrtschiffen und Sportbooten) ist enorme 192 Kilometer lang; der Trollhättan-Kanal (im Westen der Strecke Göteborg–Vänersee) bringt es »nur« auf 72, kann aber auch von mittelgroßen Seeschiffen befahren werden.

Binnenschifffahrt und mehr

Im Osten ist die Ostsee über die Newa und verschiedene Wasserstraßen mit der Wolga Wolga-Baltik-Kanal), Moskau (Moskwa), Dnjepr, Weißem (Weißmeer-Ostsee-Kanal) und Kaspischem Meer verbunden.

»ALBATROS« – DAS IST FLIEGEN, FAHREN, TRÄUMEN …

Mit Jugend-Clipper auf Abenteuerkurs durch die dänische Südsee

»Superbe, diese Idee!«, kommentiert Philippe aus Frankreich den Vorschlag, im Mai auf einem richtigen alten Segler zur See zu fahren. Der stammt noch aus einer Zeit (1942), als Segeln weder romantisch noch Urlaub war. Obwohl dieser Sport im Allgemeinen immer noch von einem Hauch Exklusivität umweht ist, kann man dabei für relativ wenig Geld an Bord gehen.

Die Gruppe der 15- bis 16-jährigen seefahrtsinteressierten Jugendlichen schwillt geradezu an: Über 30 sind es binnen Kurzem, die auf diesen schwankenden Trip gehen wollen.

Erstaunlich, aber wahr: Die ersten konkreten Informationen bewirken so etwas wie eine Wende. »Wenn wir da auch noch arbeiten müssen – non, merci!«, ziehen sich Philippe und ein paar Ängstliche in seinem Schlepptau zurück. Sie bevorzugen »arbeitsfreie« Spanien- oder Italienfahrten mit Hotelkomfort.

Je mehr Details sie erfahren, desto mehr »Enthusiasten« springen ab. Schnell kristallisiert sich ein »harter Kern« aus der großen Anfangsschar heraus. Neun Mädchen und fünf Jungen sowie drei Begleiter – genau die richtige Zahl hinsichtlich Gruppe und Schiffsgröße – haben sich nicht abschrecken lassen durch enge Logis, Küchendienst, nächtliches Wachegehen oder gar Seekrankheit. Sie, die »null Ahnung von Seefahrt«, aber dafür umso mehr »Lust drauf« haben, scheuen das Abenteuer Oldtimersegeln nicht. Der Titel des Info-Heftchens vom Deutschen Jugendwerk zur See zeigt die Richtung an: »Komm an Bord!« Ein Wunschtraum ist es, den sie sich erfüllen wollen. Als Passagiere? Nein danke!

Frischer Wind weht uns um die Nase, als wir uns am Kieler Hafen treffen: der Kapitän, drei Steuerleute – allesamt mit Kapitänspatent auf Großer Fahrt –, zwei Maschinisten und der »wichtigste Mann an Bord«, der Koch. Doch wir gehen noch nicht an Bord, sondern entern einen Bus, der uns nach Köge, südlich von Kopenhagen, bringen soll. Dort findet der Besatzungswechsel statt, am Endhafen des letzten einwöchigen Törns.

Erstes Beschnuppern

Nach ostholsteinischen Seen- und Hügel-Impressionen Pause am Fähranleger von Puttgarden auf Fehmarn. »Ich heiße Dietrich, ihr könnt auch Dieter zu mir sagen«, macht Kapitän Dietrich Nennemann den ersten Schritt, »denn an Bord sagt man ›du‹ und Vornamen.« Als Frachterkapitän bei der Reederei Hamburg-Süd hat er alle Weltmeere befahren. Gerd Witte, ein »Intellektuellentyp mit Brille«, entpuppt sich als früherer Erster Steuermann eines Passagierschiffes. Roland Steinert, Segler und vertraut mit bulligen

Schwergutfrachtern, hat den Job des Zweiten übernommen. Alle drei sind nach ihrer jahrelangen Seefahrtskarriere in die Lüfte gegangen: als Lufthansa-Navigatoren, später wieder am Boden als Flugdienstberater in Frankfurt. »Mit der Lufthansa durch die Ostsee segeln!«, könnte denn auch das Motto unserer Reise lauten. Dritter im Bunde ist Peter Zylmann, Ex-Frachterkapitän und passionierter Segler, vermittelte dann Frachtschiffsreisen vom ostseenahen Fischerdorf Maasholm an der Schlei aus. »Chief« ist Reinhard Galbas, Ingenieur bei einem Erdgasversorgungsunternehmen in Ulm, der zusammen mit Klaus Köster, Techniker in Kiel, die Maschinen betreut. Schließlich braucht ein Segler heute Strom und einen »Flautenschieber«. Der Schwabe Karl-Heinz Stein hat von Busfahrer auf Koch, sein Hobby, umgesattelt. Auch sie Ex-Seeleute, die jetzt einen Teil ihres Urlaubs »opfern«, um zusammen mit Jugendlichen zu segeln. Auf dem Scandlines-Fährschiff DEUTSCHLAND Frühstück mit erstem Ostsee-Kontakt. In Köge wird nach Mastspitzen Ausschau gehalten. »Da liegt sie!«, entfährt es einigen synchron, als »unser« Schiff endlich in Sicht kommt. »Ist das ein schöner Segler!« Spontane Zuneigung oder Liebe auf den ersten Blick. Die Pier ist vollgestellt mit dem Gepäck unserer Vorgänger. Ein paar Worte werden noch gewechselt: »Wie war's denn?«, »Habt ihr gutes Segelwetter gehabt?« Horrorvisionen von Sturmböen oder über Bord gegangenen Leuten werden nicht bestätigt. Die Wetterkarte zeigt, auch am stahlblauen Himmel abzulesen, ein stabiles südskandinavisches Hoch. Hochstimmung macht sich breit, als die Jungeuropäer aus sieben Nationen »ihre« ALBATROS in Besitz nehmen.

Am Besanmast wird – erste Amtshandlung – die Compagnie-Flagge gesetzt. Auf weißem Grund befindet sich der Schriftzug »Europäische Schule« mit den bunten Miniflaggen der zwölf EU-Länder.

Da stehen die Jungsegler nun ratlos vor dem Mastenwald mit seinen 50 verschiedenen Tampen des laufenden Guts zum Segelsetzen und -bergen. »Ob wir die vielen Taue in einer Woche alle lernen und bedienen können?« Anke und Anne sind, trotz häuslichen Studiums der fast fünfzigseitigen Segelanweisungen, zumindest skeptisch. Die kanadische Austauschschülerin Marie-Christine beschleichen sogar »flaue Gefühle in der Magengegend«, wie sie freimütig bekennt, angesichts des umfangreichen »Lernstoffs«.

Vertrauen haben sie hingegen in unsere Schiffsführer und den robusten ehemaligen Islandfahrer und Steinfischer mit dem schwarzen Holzrumpf, der 1979 zum Segler umgebaut wurde. Sie tasten sich alle noch etwas unsicher über das Hauptdeck der fast 30 Meter langen ALBATROS, messen knapp sieben Meter Breite und legen den Kopf in den Nacken vor den 28 Meter hohen Masten. Sie klettern die engen Niedergänge ins Mannschaftslogis hinunter, das bis 3,40 Meter unter die Wasserlinie reicht, und nehmen ihre Kojen- und Schrankplätze in Beschlag.

Anschließend tönt es: »Besatzung in die Messe!« Dieter, der Kapitän, heißt uns an Bord herzlich willkommen, stellt die Stammbesatzung vor, erläutert unsere Pflichten und den Wachplan nach englischem System: von 18:00–24:00, 00:00–04:00, 04:00–08:00, 08:00–12:00, 12:00–18:00 Uhr. Die Steuerbord- und Backbordwache – je sieben Schüler/-innen und ihre beiden Steuerleute – sitzen auch in der urig-gemütlichen Messe beim Essen zusammen. Den Wachtörn selbst können sie sich nach halb- oder zweistündigem Ablöserhythmus einteilen: Ruder-, Ausguck-, Segel-, Freiwache nach altem Seemannsbrauch.

»Das heißt Verantwortung tragen für Schiff und Besatzung«, ergänzt Roland, »darum Alkohol in Maßen und kein Rauchen unter Deck.« Unser Australier John darf außerdem sein Kofferradio gleich wieder einpacken, während Martin seine Gitarre hervorholt. Dann ist die Rede vom täglich wechselnden Dienst der Backschafter, die für das Tischdecken, Essenauftragen und den Abwasch zuständig sind. »Seht euch bitte vor beim Trinkwasserverbrauch, spült erst mal mit Seewasser und pumpt nach dem Toilettenbesuch mindestens fünfzehnmal«, mahnt uns Reinhard. »Ihr schaut alle ziemlich resigniert drein«, beschließt Dieter seinen Einführungsvortrag, als er in die müde und erschlagene Runde sieht. »Smut« Heinz braucht gleich ein paar helfende Hände zur Vorbereitung des Abendbrots, trotz allem.

Blick vom Oberdeck in die Messe

Endlich auf See

»All hands on deck!«, schallt Rolands Stimme kurz nach der Sitzung durchs Schiff. »Trockensegeln« ist angesagt, die erste Lektion noch an der Pier mit festgemachtem Tuch. »Hier, das ist die Außenklüverschot, das die Untermarsbrasse, dort das Schonerpiekfall« – diese und weitere unverständliche Begriffe fliegen den Jungseeleuten um die Ohren. Dieter, Gerd, Roland und Peter versuchen mit viel Geduld, dieses logische Knäuel zu entwirren. Nach einer Stunde müssten wir eigentlich wissen, wann welcher Tampen durchzuholen oder zu belegen ist. Auch wenn fast alle bei der Probe aufs Exempel danebengreifen, gibt der »Alte« das Kommando: »Leinen los!« Noch tut es der 100-PS-Diesel im »Keller«, den Klaus langsam auf Touren bringt. Im Zweizylinder-Sound wendet ALBATROS und tuckert hinaus in die weite Bucht von Köge. Segelanweisungen schwirren durch die Luft, alles rennt scheinbar planlos über Deck; hier ziehen ein paar, dort geben andere Lose oder belegen. Langsam blähen sich 330 Quadratmeter weißes Tuch über uns. Der Motor verstummt. Tanja hält das Ruder fest in der Hand. Wir gleiten zum ersten Mal nur vom Wind getrieben dahin, ein berauschendes Gefühl. Die Bugsee gluckst zufrieden vor sich hin, die Takelage knarrt, ein paar Segel knattern – die Melodie, auf die alle gewartet haben. »Das ist ja schon ganz gut gelaufen mit euch«, loben uns die Segelprofis, und der Kapitän ruft traditionell »Besanschot an!« aus. Wir versammeln uns achtern um den Ruderstand, und eine Buddel Sherry macht die Runde. Lob motiviert, und bis zum bilderbuchhaften Sonnenuntergang sieht man die Jungseeleute längs Deck wandeln, diesen und jenen Tampen anfassen, daran ziehen und dessen Bezeichnung wie Beschwörungsformeln murmeln.

Infos

Schiffsdaten ALBATROS:
Baujahr: 1942 in Svendborg, Dänemark; Typ: Dreimast-Toppsegelschoner
Technische Daten: Segelfläche: 300 qm; Länge: 35,70 m
Kojenplätze: 26

»Lass fallen Anker!« Die Segel sind wieder geborgen, und die erste Wache zieht auf. Die Bewegungen der Ankerkette müssen ständig kontrolliert werden, falls der Anker sich selbstständig machen sollte; der Schiffsverkehr ist zu beobachten. »Wenn euch etwas merkwürdig erscheint, sofort einen von uns wecken«, rät Dieter den beiden Wachgängern. Zwei um zwei Stunden tragen sie jeweils die volle Verantwortung, während die anderen sich hundemüde in ihre hölzernen Kojen verkrochen haben. Umso schwerer fällt es den Ablösern, sich zu nachtschlafender Zeit hochzurappeln, um die nächste Runde zu übernehmen. Schlaftrunkenheit? Vom Sternenhimmel (»So einen hab ich noch nie gesehen«, findet Eva.) und Mondaufgang wie fortgeblasen. Während das Morgenrot sich pastellfarben hinter dem Filigran der Takelage abzeichnet, hat Kirsten, Journalistin und Begleiterin, die Einsicht, dass Caspar David Friedrichs Bilder, verglichen mit dem, was sie mit eigenen Augen sehe, keineswegs kitschig seien. Realromantische Impressionen.

Kiellinie mit Zickzackmuster

Dass man nicht duschen kann (abgesehen von je zwei Waschbecken in den Logis) – kein Problem. »Die jodhaltige Seeluft wirkt wie ein Deo, nur ohne Spray«, klärt Roland lachend auf. Um 6:30 Uhr, auf noch nüchternen Magen, teilt er vier »Mann« zum Hieven der Ankerkette ein. Sie legen sich kurbelnd und sogar mit Gesang ins Zeug. Kettenglied um Kettenglied ruckt aus dem Wasser, bis erste Blasen die arbeitsungewohnten Hände zieren. Antoine und Christoffer kurbeln verbissen weiter. Niemand meckert, denn alle hat das Segelfieber gepackt. »Klar zum Segelsetzen!«

Nach kurzer Manöverbesprechung werden Tampen losgemacht, mit dem ganzen Körpergewicht unter Anfeuerungsrufen durchgeholt und auf dem Nagel belegt. »Kurs 25 Grad!«, gibt jetzt Gerd die Richtung an, nachdem er den Wind geprüft hat. Alex aus England echot, zum Zeichen, dass er verstanden hat: »Aye, aye, Sir!« Noch hat er seine Probleme, Steuerrad und Kompassrose in Übereinstimmung zu bringen. Die Kiellinie verläuft im Zickzackmuster, bis er melden kann: »25 Grad liegt an!« Tanja und er entwickeln sich bald zu »Gefechtsrudergängern«, die den Kurs auf einen Grad genau halten können. Mit jeder Wende klappen die Handgriffe besser. Überraschend auch das herzhafte Frühstück, dessen Viel-

Kapitän Roland hat seine Crew im Griff.

Blick aus dem Besanmast auf das Achterdeck

falt und Fülle wir Heinz, unserem »Smut«, zu verdanken haben. Bei Müsli oder Spiegelei schwärmen Géraldine und unsere Italienerin Elisabetta vom Sonnenaufgang, und Wibke fühlt sich »topfit« nach dem frühmorgendlichen Ankermanöver und Segelsetzen.

Durch den Öresund – Kopenhagen an Back-, Malmö an Steuerbord – ist der Kurs abgesetzt, und wir gleiten nach Norden. Unseren Weg kreuzen emsige Fähren und behäbige Frachter, sogar ein schwedisches U-Boot hat sich auf unsere Fährte gesetzt. Ein derartiges Fahrzeug hat noch niemand gesehen. Schiffstypenkunde live.

Ein paar ganz Mutige legen sich den Sicherheitsgurt an und starten erste, noch zaghafte Kletterversuche in den Wanten, mit weitem Blick nach Dänemark und Schweden hinein. »Super hier oben!«, schallt es herunter an Deck, und die Fotoapparate klicken.

Bald bevölkern noch einige Jungen und Mädchen die luftigen Höhen des »Gehölzes«, wobei sie sich wie Landentdecker vorkommen: »Schloss Helsingör drei Strich an Backbord voraus!« Auch das ist Teil des Funktionierens, nicht nur abenteuerlich-spannend, sondern lebenswichtiger Ernst für das gute Gelingen des Törns. Sollte nämlich Wind aufkommen oder sonst eine unvorhergesehene Situation eintreten, muss das Schiff von allen rundum bedient werden können.

Handarbeit und Landgang

Der Wind jedoch schläft ein, die Sonne brennt. Die Chance, um das Beiboot zu Wasser zu lassen und ein paar Fotorunden um die dümpelnde Albatros zu drehen, Kleidung: Schwimmweste. Ein Kapitänsservice. Zeit auch, um sich in die Künste der Navigation einweisen zu lassen. Alex hantiert bald mit Stechzirkel und Kursdreiecken wie sein Lehrmeister Peter. Mitkoppeln ist für den Jungen kaum noch ein Problem. Derweil schrubben drei Jungsegler/-innen Töpfe und Pfannen, andere schälen Berge von Kartoffeln – freiwillig natürlich, denn bei Sonne und Blick in die Ferne geht es allemal leichter. Eine Gruppe übt sich im Deckwaschen, denn auch das will gelernt sein. Die Besen schwingen in gleichem Rhythmus über das Holzdeck, angefeuert von Gesang. Wieder andere hocken im Steuerstand und lassen sich von Roland seemannsumgarnte Episoden aus seiner Zeit als Frachterkapitän erzählen, während Peter nebenan Karin und Anne einen Augspleiß vormacht. Wie eine Seuche verbreiten sich Spleiße und Knoten – ein Handwerk im echten Wortsinn! – über das Schiff, und die Schüler/-innen sind stolz auf ihre seemännischen Fertigkeiten. So wird das Leben an Bord von allen Teilnehmern gestaltet, und jeder tut das, was er kann oder können möchte – und wenn es nur das Singen von Seemannsliedern zur Gitarre ist.

Gegen Abend allerdings bläst uns der Wind vierkant von vorn ins Gesicht. Ein »briefing« steht an: was tun? Segel runter und weiter mit Motor oder einen Hafen anlaufen? Eine nautische Gretchenfrage. »Segel bergen!«, entscheidet die Schiffsführung. »Schwarz-gelbe Ansteuerungstonne zwo Strich an Steuerbord voraus!«, meldet korrekt Ausguck Wibke aus dem Klüvernetz, in dem sie, angeseilt und das Fernglas vor Augen, liegt. Neben dem »Ritt auf den Rahen« der schönste Platz, weil man Schiff und Segel direkt vor sich hat.

Erstes Anlegemanöver im Städtchen Landskrona. »Bisschen komisch, wieder auf festem Land«, wundert sich Martin, und mit leichten »Seemannsbeinen« geht es nach der Zollabfertigung schwankend an Land. Festung, Schloss und Innenstadt werden angelaufen, auch private Kontakte geknüpft. Lisa, unsere Schwedin an Bord, kann die Sprachbarrieren überwinden helfen. Bis in ihrer Heimat Trelleborg ist es nur ein Katzensprung.

Abends trifft sich die ALBATROS-Crew zum Dämmerschoppen in der Messe, deren Decke schwere Balken zieren. »So eine Kneipe müsste man an Land haben«, träumt Klaus, unser Holsteiner Maschinist, und wirft eine Lage Bier. Im Kartenraum schreiben Marie-Christine und Martin mit, was der Wetterberichtssprecher ihnen scheinbar diktiert. »Die stabile Hochdruckwetterlage im Ostseeraum hält an, nordöstliche Winde 3 bis 4«, vermelden sie kurz darauf ins Messedunkel, aus dem nicht eine Zigarette hervorleuchtet, denn unter Deck herrscht ja Rauchverbot.

»Starkwind« im Kattegat

Die Nacht wird zur »Bauernnacht«, weil alle durchschlafen können, manche sogar im Schlafsack an Deck. Von meiner Koje im Vorschiff aus kann ich die Sterne zählen – und dann herrlich schlafen, doch nur bis 06:00 Uhr. Das Kommando »Leinen los!« bringt alle schnell wieder auf Trab. Mit frischem Wind laufen wir aus. Die Nordspitze von Seeland wird angepeilt. Für unser Seegebiet, das Kattegat, kündigt der Seewetterbericht Starkwind an. Bald geistert das Wort »Sturm« durch die Crew. »Leichenfänger«, ein Gruselbegriff für Netze, die das Außenbordfallen verhindern sollen, werden gespannt. Tatsächlich, es brist auf, wir holen die Schoten dicht und rauschen mit fast sechs Knoten unter Vollzeug und leichter Krängung dahin.

Einem erlebnisreichen Segeltag folgt eine sternenklare Nacht mit honiggelbem Riesenmond. Dampfer müssen aufpassen, denn eine rote über einer grünen Laterne in unserem Topp zeigt an: »Achtung, dort kommt ein vorfahrtberechtigter Segler!« Die Freiwache ist kaum in die Kojen zu bewegen – so schön ist diese Nacht, von Sturm keine Spur. Glück gehabt? Einige hätten so ein Naturereignis wohl allzu gern einmal erlebt. So bleiben wenigstens Opfergänge an Seegott Neptun aus.

Am nächsten Morgen: Niemanden hat die Nachtwache geschlaucht, keine(r) hängt durch.

Vormittags verabschiedet sich der Wind ganz, die Sonne brennt, es riecht förmlich nach Badengehen. Das Thermometer zeigt 12 Grad Wassertemperatur, die Luft aber schon 18. Nach allgemeinem Drängen ruft Dieter »Klarmachen zum Baden!« aus, will sagen: Hochseebaden an der langen Kapitänsleine.

Wie das geht? Mit Badezeug und umgelegtem Sicherheitsgurt tauchen zwei mutige Mädchen an der Verschanzung auf, lassen sich von Dieter an die Leine legen und tauchen fürchterlich prustend unter. Mitten auf See, querab der Insel Samsø. »Pass auf die Quallen auf!«, wird von oben herab gewarnt, aber den meisten verschlägt es die Sprache eher vor Kälte. Trotzdem bricht Badefieber aus. Ganz Vorsichtige begnügen sich mit einer Seewasserwaschprozedur an Deck. Der warme Sonnenschein bringt uns anschließend wieder auf Körpertemperatur.

Anne, Karin und Christoffer versuchen es mit Arbeit. Sie entrosten und streichen das Ankerspill.

Durch Buchenwald nach Sonderburg

Am frühen nächsten Morgen wird es eng. Bei Fredericia in Jütland steuern wir den Kleinen Belt an. Die Passage windet sich flussartig durchs Land; Rudergänger John muss höllisch aufpassen, vor allem auf die starke Strömung. Es scheint, als würden unsere Mastspitzen die beiden Brücken streifen, und wir warten förmlich drauf, dass es kracht. Die Fahrt unter Motor durch uralte, dichte Buchenwälder verläuft problemlos. Unter Segeln rauschen wir über offene Wasserflächen und fädeln uns dann in den idyllischen, wiederum schlauchartigen Alsen-Sund ein mit Blick auf schmucke Herrenhäuser, blitzsaubere Gehöfte und knickumsäumte Felder. »Sonderburg recht voraus!«, meldet Ausguck Klaus Peter, Begleiter und sonst Pressesprecher einer Verlagsgruppe. Nach dem Bunkern von Öl für Jockel und Hauptmaschine verholen wir mit vereinten Kräften Hand über Hand und steuern einen ruhigen Liegeplatz in der Stadt an, den auch schon ein paar andere Oldtimersegler auserkoren haben. Die öffentlichen Duschen am Hafen sind Anlass für eine Reinigungsorgie. Frische Düfte ziehen durchs Schiff, und die ALBATROS-Crew macht sich landfein. Stadtbummel steht auf dem Programm, anschließend Besuch eines dänischen Kro, einer Hafenkneipe mit historischer Einrichtung und elektrischem Klavier. Ein paar Schülerinnen haben Bekanntschaft mit Yachtschiffern geschlossen und sitzen zum »kollegialen Klönschnack« unter Deck zusammen.

Am nächsten Morgen locken frische Brötchen auch die letzten Schläfer in die Messe – eine Überraschung unseres Spitzenkochs Heinz. Wibke hat sich freiwillig gemeldet, um an Deck und im stickig-dunklen Ankerkettenkasten die vertörnte Kette zu klarieren. Schwerstarbeit. Rostüberpudert klettert sie ans Licht, strahlt und meint: »Ich fühl mich gut nach dieser Arbeit.« Florian spült sie mit dem Deckwaschschlauch ab.

Bis 11:00 Uhr verteilen sich die Jung- und Alt-ALBATROSse noch in Sonderburg, schreiben Postkarten oder sehen sich das Schloss mit seinem Heimatmuseum an. Von der Befestigungsanlage schweift der Blick über das historische Schlachtfeld von Düppel (Preußen gegen Dänemark 1864).

Ein gemütlicher Zollbeamter lässt sich erstaunlicher Weise erst kurz vor dem Auslaufen blicken, um das Zollgut zu verplomben. Hier nimmt man es offenbar nicht so genau, dafür mit umso mehr Gelassenheit.

Durch die weit geöffnete Klappbrücke tuckern wir mit unserem dreimastigen Marssegelschoner an der Flensburger Förde vorbei.

Besuch vom Seenotkreuzer

Aus der Abendsonne prescht plötzlich ein Fahrzeug mit hoher Bugsee direkt auf uns zu. An seinen Flanken die roten Lettern SAR. Seenotkreuzer NIS RANDERS der Station Maasholm erweist uns seine Referenz mit zwei Runden in voller Fahrt um die ALBATROS, die endlich einmal anfängt, zu schaukeln und Wasser überzunehmen. »So was haben wir auch noch nicht gesehen«, meint Gerd. Kaum hat der Kreuzer nach Schleimünde abgedreht, ruft Dieter uns achtern zusammen: »Tja, nun seid ihr dran mit Segeln!« Er blickt in erstaunte Gesichter und teilt die Vorleute ein: »Tanja übernimmt das Klüversegel, Alex den Schonermast, Anke den Großmast, Wibke den Besan. Sucht euch eure Leute und gebt Anweisungen! Klar zur Wende!« Bald schwenkt der Segler auf den anderen Bug. »Seht ihr, wie gut ihr das Schiff schon beherrscht? Ihr braucht uns gar nicht mehr!« Rolands Lob ist ernst gemeint, das Selbstvertrauen der Mädchen und Jungen gestärkt.

Kurzer Besuch des Seenotkreuzers

Passend zu diesem vorletzten Abend ist »Captain's Dinner« angesagt: vier Gänge, die Küche hat (mal wieder) gezaubert. Heinz, immer in makellos weißem Kochdress, musste dazu ein paar Deckshände zum Salatzubereiten abziehen. Steuermann Roland hält derweil Ruder-, Segel- und Ausguckwache in Personalunion. Ein Bilderbuchseemann! Wie der Klabautermann persönlich springt er über Deck, packt hier mit an, zurrt dort fest und lässt dazu seine markante Lache erschallen. Er, der besonnen-ruhige Dieter, der zurückhaltend-freundliche Gerd und der immer aktive und auskunftsfreudige Peter bilden ein ideales Team, auf das Verlass ist.

Zum letzten Mal Ankerwerfen, diesmal in der Strander Bucht bei Kiel, unserem Ziel. Liegeplatznachbar ist ein Schiff der Deutschen Marine, das gerade von einer mehrmonatigen Mittelmeerreise zurückgekommen ist. In der lauen Frühsommernacht genießen wir die Parade der Frachter, die ein- oder auslaufend Nord-Ostsee-Kanal an uns vorbeidieseln. Tauschen möchte keiner mit deren Komfort. »Seefahrt, die findet doch eigentlich nur hier statt«, meint Klaus Peter, der mit seiner Journalisten-Kollegin Kirsten die letzte Ankerwache geht. Die Segel sind niedergeholt und eingepackt.

GORCH FOCK passiert

Ein großes Reinschiff bildet den Auftakt des letzten Tages, von einem Fernsehteam auf dem Weg zur DEUTSCHLAND im Film festgehalten. Wehmut macht sich spürbar breit, alle wollen wieder auf »Kurs Ost« gehen. »Nach Süden? Nein danke!« Eva winkt verächtlich ab. »Hier haben wir mit Kopf, Herz und Hand gelebt und gelernt«, bringen Géraldine, Elisabetta und Lisa ihre Erlebnisse und Erkenntnisse auf eine Formel.

Beim Einlaufen in die Kieler Innenförde löffeln wir unsere Erbsensuppe an Deck. An Steuerbord kommt unsere große weiße Schwester GORCH FOCK in Sicht. Als ehemaliger GORCH-FOCK-Fahrer dippt der Autor zum Gruß die Flagge. Die Crew ist begeistert von diesem Anblick. Die Riesenfähre am Oslo-Kai lässt sie dagegen kalt. Um Punkt 12:00 Uhr, wie berechnet, sind wir fest am Schweden-Kai. Dieter hält eine Rede, was er sonst noch nie getan hat, und er resümiert: »Ihr seid eine Besatzung geworden!« Könnte es ein schöneres Kompliment für uns geben?

Unser Segelnachweis zeigt stolze 316 Seemeilen. Beim Kommando »Hol nieder Flagge!« klemmt das Flaggentuch der Europäischen Schule symbolträchtig hoch oben am Mast in einem Block. Wer will hier schon von Bord gehen? Alle wollen irgendwann wiederkommen, Alex und Tanja spielen sogar mit dem Gedanken, nach dem Abi zur See zu fahren – ob aber auch auf einem »Kistendampfer«? Bietet doch nur das Segeln Fliegen, Fahren und Träumen in einem.

Alex, der Engländer, und John, der Australier, philosophieren beim Abschied von ALBATROS und seiner Stammbesatzung: »Coming together is a beginning, keeping together is progress, working together is success.«

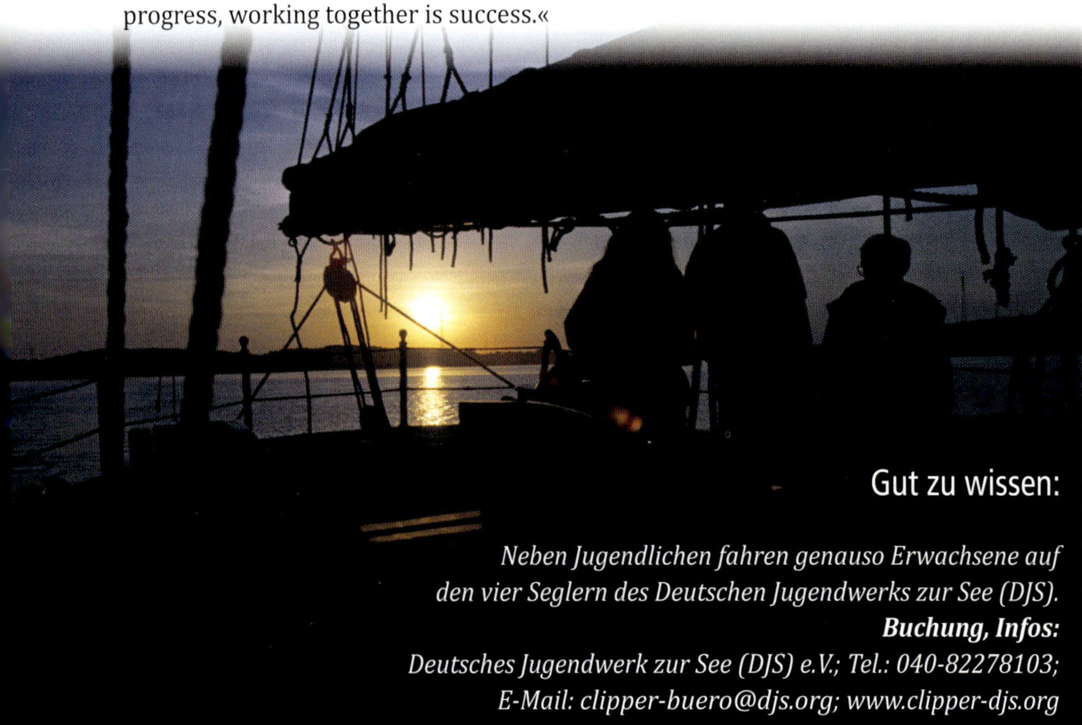

Gut zu wissen:

Neben Jugendlichen fahren genauso Erwachsene auf den vier Seglern des Deutschen Jugendwerks zur See (DJS).

Buchung, Infos:

Deutsches Jugendwerk zur See (DJS) e.V.; Tel.: 040-82278103; E-Mail: clipper-buero@djs.org; www.clipper-djs.org

DEM »BOOT« AUF DER SPUR

Test-Tauchfahrt in der Kieler Bucht

»Eines ist klar: U-Boot-Fahren ist nichts für Hasenherzen! Doch Mut allein reicht nicht, um sich für die Zugehörigkeit zur 22 Soldaten zählenden Besatzung eines deutschen U-Bootes zu qualifizieren.«

So liest man in der Geschwaderbroschüre. »Wissen Sie«, meint ein Hauptbootsmann, »bei den meisten Berichten steht die Technik im Vordergrund, und die wird geradezu bewundert, weniger die Männer, die sie unter erschwerten Bedingungen beherrschen müssen.«

»Klar vorn und achtern!« Der Kapitänleutnant und Kommandant des 500-Tonnen-Bootes vom Typ 206 A gibt den Befehl zum Ablegen. Die Eckernförder Bucht wird von einer milden Sonne in ein goldenes Morgenlicht getaucht. Seefahrtsromantik, die allerdings nur der Zwei-Mann-Brückenwache vergönnt ist. Noch können Kommandant und Zweiter Wachoffizier (II WO) im Turm-Fahrstand frische Luft schnuppern. Viereinhalb Meter über der Ostsee – noch. Hin und wieder fragt jemand von unten: »Ein Mann auf Brücke?«, und klettert dann nach oben, um »eine durchzuziehen«. In der Stahlröhre herrscht absolutes Rauchverbot.

Steuermann am Kartentisch

Mehr Technik, größere Enge

Die Bugsee spült bei acht Knoten Fahrt über die Sonarnase, unterhalb derer sich acht Torpedos verstecken. Das querab mitlaufende Minenjagdboot nimmt von dem 49 Meter langen Boot nur den schwarzen Schattenriss des Turms wahr.

Angespannt hocken die U-Boot-Fahrer im Halbdunkel vor ihren Geräten: dem Seiten-, Höhen- und Tiefenruder, den Radarschirmen, Sonaranlagen, im stickig-heißen Dieselraum, an den Pumpen. Wer den Film »Das Boot« gesehen hat – hier kennen ihn alle in- und auswendig, sogar bis in einzelne Dialoge hinein –, wird spätestens hier feststellen: noch mehr Technik, eine noch größere Enge. Das ist nichts für Leute mit Platzangst oder Berührungsängsten! Nur der Navigationsbootsmann scheint ausreichend (Arbeits-)Platz zu haben, während er sich über die Seekarte mit dem Lichtplotter beugt.

Ehrenmal im Fadenkreuz

»Alarm! Fluten!«, dröhnt der Befehl über die Bordlautsprecher durch die stählerne »Röhre«. Im Chor wiederholen alle Männer ihn, kurz darauf genauso: »Boot wird eingesteuert!« Der II WO gibt den Rudergängern Kursanweisungen im Stakkatotempo, bis sich das Boot exakt auf 20 Meter eingependelt hat. Ein Job, der höchste Konzentration verlangt. Nur noch fünf Meter bis zum Grund. An diesem Tag müssen die Manöver bei bis zu 17 Knoten Unterwasserfahrt besonders sauber gefahren werden. Zwei Ingenieure einer Münchener Spezialfirma haben an verschiedenen Stellen Sensoren angebracht, um Fremdgeräusche zu orten, die von einigen Aggregaten ausgehen könnten. Gerade die Unsichtbarkeit und Schwerortbarkeit ist d a s »Kapital« des Bootes, das besonders für küstennahe und flache Gewässer wie die Ostsee diese überlebenswichtigen Eigenschaften braucht. Testgebiet diesmal ist die Kieler Bucht. Im Fadenkreuz – aus wasserumspülter Sehrohrperspektive – das Marine-Ehrenmal von Laboe.

Wie im Film

Ausgeschlafene Jungs sind sie alle, im doppelten Wortsinn, aber die Dauernacht im Boot macht »dich schnell müde«, meint ein Obergefreiter, der als Funker fährt. Man stelle sich einmal vor: Boote wie dieses fahren im Atlantik und Mittelmeer manchmal über drei Wochen ununterbrochen getaucht, bis auf wenige Schnorchelabschnitte fürs Atmen von Mensch und Diesel. Dennoch sind sie stolz darauf, in drangvoller Enge Fachwissen, Entschlussfreudigkeit, Kameradschaft, Leistungsbereitschaft und Humor, ganz wichtig, zu kombinieren. Letzteren haben sie reichlich, denn Lachen baut Spannungen ab. Darin unterscheiden sie sich nicht von ihren Filmkameraden im schon legendären Film »Das Boot«, trotz der jahrzehntelangen Zeitdifferenz.

Kommandant am Sehrohr

Menü in 30 Metern Tiefe

Der Smut, ein Obermaat, trägt auch nicht unwesentlich zum guten Bordklima bei. »Un-

Infos

Bootsdaten Typ 206 A:
Baubeginn: 1972, insgesamt 18 Boote; Heimatbasis: Eckernförde, Kranzfelder Hafen (alle Boote werden ausgemustert; Neubauten: Typ 212)
Technische Daten: Verdrängung: 450 t (aufgetaucht), 498 t (getaucht); Länge: 48,6 m, Breite: 4,6 m, Tiefgang: 4,5 m, Höhe über Turm: 8,8 m; Antrieb: 2 MTU-Diesel je 600 PS, 1 SSW-Elektromotor 1.500 PS, 1 Welle, 1 fünfblättriger Propeller; Geschwindigkeit (max.): 10 kn (aufgetaucht), 17 kn (getaucht); Bewaffnung: 8 x 533-mm-Torpedos
Besatzung: 27 Mann

ser ist der beste der U-Flottille«, herrscht bei allen die einhellige Meinung vor. In seiner Minikombüse von knapp zwei Quadratmetern »Größe« zaubert er ein Drei-Gänge-Menü, das sich in einer Gaststätte an Land sehen lassen könnte. Bei heftigem Seegang, der selbst noch in 30 Metern Tiefe zu spüren ist, geradezu Schwerstarbeit. Diesmal allerdings geht es ruhig zu. Wir liegen auf Grund und hören Frachterschraubengeräusche über uns hinwegmahlen. »Nur Segelboote sind für uns ein Problem, denn die können wir nun mal nicht orten, wenn wir auf Sehrohrtiefe gehen und auftauchen wollen«, meint der Kaleu. Das in der Seekarte als U-Boot-Tauchgebiet eingezeichnete Areal werde häufig missachtet. »Da müssen wir umso vorsichtiger sein«, ergänzt er.

Die Tag-Nacht geht zur Neige, und die Ingenieure haben immer noch keine Störquelle gefunden. »Gut für uns und unser Boot«, freut sich der Sonar-Bootsmann.

Obligates Einlaufbier

Aufgetaucht steuert das Boot seinen Heimathafen an. Das idyllische Ostseebad an der Förde zeigt an der Kimm seine anheimelnden Lichter. Beim Einlaufen in den Kranzfelder Hafen scheint das Typhon zu dröhnen: »Eckernförde, wir kommen!« Der Schiffstechnikoffizier (STO) fährt das Anlegemanöver. Sanft legt er das Boot an die gummigepolsterte Pier. Feierabend. Auch draußen ist es jetzt dunkel.

Die Mini-Toilette (links). Der Tiefenmesser zeigt dem Rudergänger 20 Meter an.

Ende der Testreise mit obligatem Einlaufbier. Kommandant und Kommandeur können zufrieden sein. Das Boot ist (wieder) o.k. und damit voll einsatzfähig.

Die Männer freuen sich auf ihre Landunterkünfte, die ihnen wie Tanzsäle vorkommen, selbst die Duschen und Toiletten. »Aber, trotz allem, lange können wir's hier nicht aushalten, denn wir sind nun mal U-Boot-Fahrer«, zieht ein Obergefreiter überzeugt Bilanz.

EINSAMER KAPITÄN AUF GEISTERSCHIFF

Leinen los für Theaterschiff mit Kurs Hochofen

Letzte Reise für die MS URSULA B. Die beiden Fairplay-Schlepper STUBBENHUK und FAIRPLAY II nahmen im Stralsunder Nordhafen den betagten Küstenfrachte auf den Haken.

Ein bewegtes Leben liegt hinter der 47-jährigen URSULA B. 1964 entstand sie als HEINRICH KNÜPPEL unter der Baunummer 543 auf der Schiffswerft J. J. Sietas in Hamburg-Neuenfelde, hieß von 1971 bis 1987 EDUARD KÄHLER und bis 1995 NEUENFELDE mit Heimathafen Freiburg.

Wende zur schwimmenden Bühne

1995 wechselte sie als URSULA B zur Reederei Robert & Ursula Busse in Buschenhagen bei Stralsund. Sie lag mehrfach auf, diente als »Jugendschiff« für schwer erziehbare junge Männer, um die sich Reedersfrau Ursula Busse selbst kümmerte. Schließlich erhielt der Frachter keine Klasse mehr. Doch es gab eine Wende für ihn.

2003 wurde der Küstenfrachter an das Theater Vorpommern verchartert und lag seitdem als schwimmende Bühne für die Ostseefestspiele an der historischen Ballastkiste.

Mit jährlich mehr als 28.000 Besuchern hatten sich die Ostseefestspiele zu einem der wichtigsten kulturellen Ereignisse in Mecklenburg-Vorpommern entwickelt, das Einheimische und Touristen gleichermaßen begeisterte.

Einmalige Umgebung

Stralsund ist mit seiner Lage in der Urlaubsregion Mecklenburg-Vorpommern und unmittelbarer Nähe zur Ostseeinsel Rügen und Fischland/Darß geradezu prädestiniert für Open-Air-Sommertheater. So lag es seinerzeit nahe, die traditionelle Sommerbespielung des Theaters Vorpommern im großen Stil fortzusetzen und mit Freiluftaufführungen gezielt auf ein touristisches Publikum zuzugehen.

Fünf Jahre spielte das Theater Vorpommern auf der Seebühne im Stralsunder Hafen. Das Theaterschiff lag bis zum 31.10.2010 in unmittelbarer Nähe zum Großsegler GORCH FOCK (I), zur Marina, zur Altstadt und den historischen Speicheranlagen. Es bot eine einmalige Umgebung mit Blick auf den Sund nach Rügen und sogar bis nach Hiddensee.

Vorbereitungsarbeiten

Jede Saison musste die betagte Schiffsdame auf ihren ungewöhnlichen Auftritt erst einmal gründlich vorbereitet werden. Mit 1.200 Tonnen Ballast, davon 400 Tonnen

Wasser und 800 Tonnen Kies, wurde sie zunächst ein gutes Stück abgesenkt. Zusätzlich erhob sich die Tribüne, die 1.250 Zuschauern Platz bot, bis zu vier Meter über das Niveau des Kais, um den Blickwinkel der Zuschauer auf die Bühne den Verhältnissen in einem Theater anzugleichen.

Nach diesen grundsätzlichen Vorbereitungsarbeiten wurde auf der URSULA B ein planer Bühnenboden geschaffen, der mit 440 Quadratmetern eine dreifach größere Spielfläche bot als beispielsweise die Bühne des Stralsunder Theaters. Zwei Treppen führten hinab

Infos

Schiffsdaten MS URSULA B:
Technische Daten: 1.011 BRZ, 1.185 tdw, 66,20 Meter Länge, 10,57 Meter Breite, 3,96 Meter Tiefgang, 2 Luken, 1 Klöckner-Humboldt-Deutz-Diesel von 368 kW für 11 Knoten Geschwindigkeit (der Autor dieses Beitrages begann übrigens seine seemännische Laufbahn 1965 auf dem Schwesterschiff HEINO der Reederei Gebr. Winter).

ins Schiffsinnere, das die Künstlergarderoben, die Maske und die Aufenthaltsräume beherbergte. Der Orchestergraben war auf einer Pontonfläche von ca. 120 Quadratmetern zwischen Kai und Schiff untergebracht. Von den Musikern hatte der Dirigent als Einziger festen Boden unter den Füßen.

Zu lange Liegezeit

Nach immer wieder auftretenden Wetter- und Finanzproblemen entschied der Intendant, die Sommerspiele wieder ins frisch restaurierte Theaterhaus am Olof-Palme-Platz zu verlegen. Damit war das Schicksal der URSULA B besiegelt. Das lange Liegen bekam ihr nicht, sodass eine Wiederinfahrtsetzung zu teuer geworden wäre.

Schließlich erwarb der Falkenseeer Schrotthändler Bohnsack das Kümo, um es in einem Rostocker Metallbetrieb abwracken zu lassen.

Mit der Öffnung der Ziegelgrabenbrücke am 31.10. um 12.20 Uhr steuerte der Schleppverband in die Ostansteuerung des Strelasunds. Aufkommender Nebel verbot jedoch eine Weiterfahrt, sodass am Südhafen vorläufig wieder festgemacht werden musste. Bei besserer Sicht (ab 2.000 Meter) wurde die rund 14-stündige Reise zum Rostocker Fischereihafen fortgesetzt, wo der Schneidbrenner bereits wartete.

MS URSULA B-Konvoi vor der Stadtkulisse

Im Stralsunder Hafen war die URSULA B mittlerweile zum maritimen Denkmal avanciert wie das seit 2003 gegenüber an der Südpier der Ballastkiste liegende Segelschulschiff GORCH FOCK (I).

Der letzte Vorhang

Dann ging alles sehr schnell, denn die Wetterlage war günstig. Starkwind wurde erst für Dienstag angekündigt.

Um elf Uhr rief mich Seelotse Jens Mauksch an: »Willst du mitfahren?« Und ob ich wollte! Wann bekommt man schon mal so eine Chance?!

Zwölf Uhr dreißig: Ungeduldig zerren die Schlepper FAIRPLAY II vorn und STUBBENHUK achtern an ihren Stahltrossen. Eine Viertelstunde später ist URSULA B hinter dem Horizont verschwunden. Festmacherleinen klatschen ins Wasser des Südhafens vor der Ziegelgrabenbrücke. Ein letztes Mal im Heimathafen. Die schlaff am Heck flatternde Deutschlandflagge der URSULA B ist – passend zur traurigen Situation – auf Halbmast gesetzt.

Wie fluchtartig verlassen

Die beiden Kraftprotze ziehen schwarzqualmend mit satten 3.000 PS an. Im Zeitlupentempo zerren sie den schwerfälligen, 62 Meter langen 1.600-Tonnen-Anhang ins Fahrwasser der Südansteuerung. Als der Konvoi zwischen Drigge und Devin scharf nach Backbord drehen muss, verschwindet die markante Stralsund-Kulisse aus dem Blickfeld. Vom Kopfschlepper FAIRPLAY II ruft Jens Mauksch an. Er ist bass erstaunt, als er erfährt, dass ich ganz allein an Bord bin. Er dachte, dass noch zwei Besatzungsmitglieder dabei sind: »Dann pass mal schön auf deinen Dampfer auf! Wenn du was Ungewöhnliches feststellst, melde dich sofort!«

Die scheinbar gerade benutzte Kombüse

Hoch oben auf dem Peildeck wird es ungemütlich kalt. Mit Kraft kann ich eine verquollene Holztür öffnen. Feucht-modrige Luft wie aus einer Gruft schlägt mir entgegen. Beim anschließenden Rundgang wundere ich mich. Die Schiffsräume sehen aus, als wären sie von ihrer Besatzung fluchtartig verlassen worden. Geschirr, Flaschen, volle Aschenbecher und Arbeitskleidung

Als hätte hier jemand geschlafen

liegen herum. Die Koje im Kapitänsschlafraum ist sogar noch bezogen, auf dem Schreibtisch türmen sich Papiere. B. Travens berühmter Roman »Das Totenschiff« kommt mir in den Sinn, ebenso wie der »Fliegende Holländer«.

Weder Applaus noch Lächeln

An glanzvollere Zeiten der URSULA B erinnert die »Applausordnung«, die noch an die hölzernen Restkulissen auf dem Vorschiff getackert ist: »Alle verbeugen, bei viel Applaus Soli noch mal!« Das war im Sommer 2009, als auf der schwimmenden Bühne »Das Land des Lächelns« gegeben wurde. Für diesen Trauerzug gibt es jetzt weder Applaus noch Lächeln.

Die Brücke der MS URSULA B

Im Maschinenraum ist anscheinend bis zum letzten Augenblick noch gewerkelt worden. Das bullige 500-PS-Deutz-Diesel-Herz sieht aus, als könnte es jeden Augenblick anspringen. Doch nur der Hilfsdiesel bullert lebendig in der Vorpiek, um den Minimal-Strom für die Beleuchtung zu sichern.

Erwartungsvoll klettere ich die Treppe zur Brücke hinauf. Chaos, wohin man blickt: herausgerissene Kabel, Aktenordner, Werkzeug, Seekarten, nautische Bücher – ein Jammer!

Klabautermann an Bord?

Das große hölzerne Steuerrad, wie ich es noch vom Schwesterschiff HEINO kenne, auf dem 1965 meine seemännische Ausbildung begann, hat ein Souvenirjäger längst abmontiert. Das Ruder ist für die Schleppzeit in Mittschiffslage festgestellt. Das Glockensignal in der Maschine bimmelt jedoch noch beim Bewegen des Telegrafenhebels, und das Horn am Leitstand für den Ingenieur blökt dumpf. Damit gab ihm der Kapitän bis 2001 noch zu verstehen, dass er sich melden sollte. Nun bin ich der Kapitän auf dem Schiff, aber niemand ist da. Oder doch? Mir wird angst, als plötzlich Türen schlagen, Geschirr zu Boden poltert und das Schiff anfängt, wie ein waidwundes Tier zu ächzen, stöhnen, knirschen und knacken und sich auf die Seite zu legen. Sträubt es sich gegen seine letzte Fahrt? Ist vielleicht doch noch jemand an Bord, gar der Klabautermann? Mir ist nicht ganz wohl in meiner Haut auf diesem Geisterschiff.

Verhalten im Krisenfall

Dann gluckert nur wieder das Boddenwasser zum pfeifenden Windspiel um die Aufbauten. Ein Blick nach draußen beruhigt mich schließlich: FAIRPLAY II schäumt fast neben dem Frachter und versucht mit aller Kraft, URSULA B in der gewundenen Palmerortrinne im Tonnenslalom im Fünf-Knoten-Schleichtempo auf Kurs zu halten.

»Na, wie fühlst du dich da drüben?«, erkundigt sich Seelotse Jens Mauksch per Handy. »Als einsamer Kapitän auf einem verlassenen Schiff«, kann ich nur antworten. – »Du weißt«, erinnert er mich noch mal, »wenn dir was spanisch vorkommt, gib sofort Signal!« Im Kartenraum stoße ich wie bestellt auf die »Merkblätter für das Verhalten der Schiffsführungen im Krisenfall«. Das Kapitel »Fahren im Küstenkonvoi« interessiert mich besonders. Schließlich auch die Akten über die Ladepapiere. Uschi, wie manche sie liebevoll nannten, hat während ihrer rund vierzigjährigen Dienstzeit fast alle Ostseehäfen angelaufen und dabei Güter wie Dünger, Getreide, Raps, Baustoffe und Stahl hin und her gekarrt.

Irrlicht vor dem letzten Vorhang

Der Greifswalder Bodden gibt sich geheimnisvoll diesig, kein Land mehr in Sicht. Nach viereinhalb Stunden und 29 Seemeilen schäumt querab der Greifswalder Oie am Ende des schiffsschmalen Landtief-Fahrwassers ein orangefarbener Punkt aus Richtung Peenemündung heran: das Lotsenboot MUTTLAND aus Freest. Zwei kräftige Hände packen mich wenig später auf der Lotsenleiter. »Der Kapitän verlässt sein Schiff«, werde ich von dem Decksmann begrüßt. Im zweiten Anlauf wird Jens Mauksch von FAIRPLAY II abgeholt. STUBBENHUK wirft ihre Schlepptrosse los und dampft zurück zum Wolgaster Liegeplatz.

Ein letztes Winken hinüber. Wehmut beschleicht auch die hartgesottenen Männer, als sie an dem Schlepper mit seinem traurigen Anhang vorbeirauschen, der noch elf Stunden bis Rostock vor sich hat. Nur die Hecklaterne irrlichtert noch eine Weile vor dem schwarzgrauen Himmel, bis der letzte Vorhang fällt. Dann ist URSULA B hinter dem Horizont verschwunden.

Der Schleppzug im bewegten Greifswalder Bodden

Gallionsfigur der APHRODITE

»APHRODITE«, DIE SCHÖNE SEGLERIN

Mit der kleinen GORCH-FOCK-Schwester auf Tagestörn

»Wenn man die APHRODITE so sieht«, meinen ein paar Seh-Leute auf der Stralsunder Ballastkiste, »könnte man sie glattweg für die kleinere Schwester unserer GORCH FOCK halten«. Die liegt genau gegenüber, jedoch nur als Museumsschiff.

Die Fachleute unter ihnen erkennen jedoch gleich den Typ: eine Brigg. Die hat, wie man vernimmt, nur zwei rahgetakelte Masten. Hintendran »klebt« noch ein Besansegel. Insgesamt sind die Abmessungen der APHRODITE auch etwas bescheidener:

Augenweide vom Ijsselmeer

Die Gallionsfigur am Bugspriet fällt ins Auge, Männern besonders: der wohlgeformte Oberkörper eines Mädchens mit goldenen Haaren. So stellt man sich Aphrodite vor. Genauso sieht auch der schmucke Segler aus: eine Augenweide außen wie innen und fantastisch gepflegt. »Unser Steuermann Caroline ist ständig dabei, das Schiff in Schuss

Infos

STS Aphrodite:

Technische Daten: 31 Meter Länge, 6,60 Meter Breite, 1,90 Meter Tiefgang, 150 Tonnen. 19 Segel bringen 383 Quadratmeter Tuch an den Wind. Beim Manövrieren und als Flautenschieber hilft ein 360 PS-Diesel.

Innen jedoch ähnelt sie einem Klassehotel mit acht komfortablen Doppelkabinen. Bei reinen Tagesfahrten können bis zu 40 Personen mitfahren. Hauptfahrtgebiet sind Ostsee und Ijsselmeer.

www.sail-aphrodite.com

Aphrodite mit Stralsundkulisse und Gorch Fock (I)

APHRODITE

zu halten«, erklärte Kapitän Aent Kingma. Der sympathische Niederländer aus Friesland, wie er extra betont, betreibt die Brigg gemeinsam mit seiner Frau Ellen. Heimathafen und Wohnsitz ist Stavoren am Ijsselmeer.

Dort hat Aent auch das Design der Segel-Schönheit entworfen. 1994 konnte er mit dem fertigen Schiff erstmals in See gehen. Seitdem verchartert er die APHRODITE an Gruppen oder unternimmt stundenweise Fahrten wie an diesem durchwachsenen Septembertag. »Willkommen an Bord!«, begrüßt der sympathische, bärtige Niederländer seine Gäste an der Gangway. Mit ein paar launigen Worten führt er ins Schiff und seine Sicherheitseinrichtungen ein. Das ist so Vorschrift. Caroline, die bordeigene 21-jährige »Aphrodite« aus Leverkusen mit Südsee-Träumen, erklärt das Rigg der hübschen Brigg und ihre Mechanismen.

Vom Großsegler-Fieber gepackt

Unaufgeregt gibt Aent schließlich das Kommando zum Ablegen unter Motor. »Nimm mal einer die Fender rein!«, ruft Caroline von achtern, wo sie gerade die Achterleine einholt, die ein Passant losgeworfen hat. Gleich hinter der Ausfahrt des Nordhafens heißt es »Segel setzen!« Caroline fackelt nicht lange, drückt ihren Gästen diesen und jenen Tampen in die Hand und gibt dann die entsprechenden Kommandos: »Jetzt kräftig durchholen! Gut so!« Der Motor verstummt. »Wie still es jetzt ist!«, findet Marius und genießt die sich unter fünf achterlichen Windstärken blähenden Rahsegel und die rauschende See.

Pause und Klönschnack für das Decksvolk bei Apfelkuchen und Kaffee. Alle sind begeistert vom Erlebnis APHRODITE und würden am liebsten gleich den kommenden Drei-Tages-Törn nach Kopenhagen mitmachen. Das kleine Großsegler-Fieber hat sie gepackt.

Als der Klüverbaum sich durch die Hafeneinfahrt schiebt, winken sie den Seh-Leuten auf der Nordmole freudig zurück, auch ein bisschen vermischt mit Stolz auf »ihr Traumschiff«.

LET'S CARGO!

RoRo-familiär über die Ostsee – Geheimtipp unter »Königen der Landstraße«

Green ships. Gleich zwei davon hat die Reederei Scandlines: 155 Meter lang, 25 Meter breit und rund 47 Meter hoch. Die beiden Schwestern AURORA und MERCHANT fallen ins Auge.

Rolito Pinon steht am Kartentisch und rechnet. Der freundliche Filipino schiebt Geodreiecke hin und her und trägt die Ergebnisse in die Seekarte ein. Seine Wache als Zweiter Offizier hat eben begonnen. Draußen zieht die Skyline von Warnemünde vorbei, und der alte Leuchtturm blinkt seinen grellweißen Gruß herüber. MERCHANT-Kapitän Jürgen Weber sieht angestrengt in die Dunkelheit. Er braucht keinen Lotsen, da er selbst das entsprechende Patent hat, genau wie sein Kollege Moritz Gabriel von der AURORA.

Sicher und souverän manövriert er die Warnow abwärts. Chief Mate Christoph Osmanski assistiert ihm dabei als Wachoffizier, die Nautik-Studenten Stefanie Fischer und Markus Wiesener schauen ihnen dabei wissbegierig über die Schulter.

Christoph hat bis zum Auslaufen um 22.30 Uhr die Beladung des RoRo-Frachters mit Trailern und Lkws überwacht. Bis Mitternacht geht er noch Wache, »danach gibt's nur noch Schlaf«, lächelt der schlanke, baumlange Seemann.

Infos

MS AURORA/MS MERCHANT:
gebaut 1981/82 bei Rauma-Repola Oy, Finnland (Taufname: ARCTURUS); Schwesterschiff: MS MERCHANT (gebaut als FINNMERCHANT 1982/83); Abmessungen wie AURORA; Hauptmaschinen: 2 x Sulzer 12ZV40/48; Geschwindigkeit (max.): 18 kn; Reederei: Scandlines Deutschland GmbH, Rostock; Flagge: deutsch, Heimathafen: Rostock; Klassifikation: LR 100A1, Ice Class 1AS (Finnish/Swedish), LMC UMS
Technische Daten: BRZ: 20.381, tdw: 13.030; Schiffsgewicht (light ship): 8.192 t; Länge: 155 m, Breite: 25,12 m, Tiefgang (max.): 8,46 m; Hauptmaschinen: 2 x 6.600 kW Pielstick-Zwölf-Zylinder-V-Motoren; Geschwindigkeit (max.): 17 kn; Lademeter: 2.170 m; 12-Meter-Trailer-Kapazität: 130; Container: 608 TEU + 146 leere TEU auf dem Shelter-Deck; 2 Lifte: 60 bzw. 70 t
Besatzung: 18 (Minimum: 15), Lkw-Fahrer: 12 (Unterbringung in Doppelkabinen)

Finnische Standards

Rolito hat keinen schlechten Job. Zwar kann er wegen der weiten Heimreise nicht alle vierzehn Tage zwischen Arbeit und Urlaub wechseln wie seine deutschen Kollegen. Aber seine Kinder im Teenageralter können sich daheim mit Papas Einkommen manches leisten: eine gute Schulausbildung in der Woche, Badefreuden, Kino und anderen Luxus am Wochenende. Einen schlechten Job hat hier an Bord niemand. Der RoRo-Frachter mit seinen großen Kabinen wurde nach finnischen Sozialstandards der achtziger Jahre gebaut. Das bedeutet, dass vom Swimmingpool über Sauna, Kraftraum und Tischtennisplatte bis zu Aufenthaltsraum mit Selbstbedienungsbar (ein Bier für 25 Cent!), Satellitenfernsehen auf der Kammer alles vorhanden ist, um die Freizeit zu gestalten. Internet-Flatrate, gute Verpflegung und eine Krankenstation für den Notfall machen den Mikrokosmos perfekt, in dem die Seeleute leben.

Aus dem Nähkästchen

Besuch haben sie selten. AURORA und MERCHANT sind reine Frachtfähren. Gerade mal zwölf Gäste finden Platz.

Für die Männer gibt es eine eigene Messe mit Getränkeangebot und Geldspielgeräten.

Petra Moritz und Karl-Heinz Lux arbeiten in der MERCHANT-Kombüse und zaubern täglich drei Mahlzeiten plus Nachmittagskaffee mit Kuchen. Frische Brötchen gehören ebenso zum täglichen Angebot wie eine üppige Salatbar. Der Speiseplan reicht von Hausmannskost bis zum Filetsteak am Sonntag. Wer gut versorgt wird, arbeitet gut – die Rechnung scheint aufzugehen. »Wir kennen uns schon lange, sind eine eingeschworene Stamm-Mannschaft«, erzählen die Offiziere, wenn man sie bittet, aus dem Nähkästchen zu plaudern. Und so ziehen sie nach dem Abendbrot in familiärer Eintracht vor den großen Flachbildschirm. Das Fernsehgeschehen ist weniger Programm als Anregung zur Diskussion. Selbst Kapitän Jürgen wird über alle Rangunterschiede hinweg beim Vornamen angesprochen. Damit werden Kommunikationsängste abgebaut.

Die Truckersitzecke auf der MS AURORA

Auf so einer »Heimatroute« lässt sich das viel besungene Seemannslos gut ertragen. Außerdem wissen die Mitarbeiter hier an Bord, wie wichtig ihr Einsatz für die Warenwirtschaft des Ostseeraums ist. Kein Wunder, dass der Seehafen Rostock boomt.

Be- und Entladen im Seehafen Rostock

Rollende Ladung nimmt zu

Finnland hat sich mittlerweile zum zweitgrößten Markt für rollende Ladung (RoRo) gemausert. Scandlines erkannte die Entwicklung und handelte.

Bis zu 2.170 Lademeter oder 130 Trailer inklusive zwölf Trucks pro Überfahrt bieten die eisverstärkten 21.195-Tonner, die im Winter auch mit der Eisdecke der Ostsee fertig werden – ohne Fahrplanprobleme, »das ist einer unserer Vorteile«, erklärt Jürgen. Sechs Doppelkabinen stehen für Fahrer und Gäste zur Verfügung.

An manchen Türen prangen Sticker mit dem auffälligen Slogan der Scandlines-Frachtabteilung: »Let's CarGo!« Zu Deutsch etwa: »Lasst die Fracht rollen!«

Dafür sorgen auch Erster Offizier Christoph, kurz Chief Mate genannt, und Bootsmann Hans-Dieter Moritz. Sie dirigieren die Brummis in den gewaltigen Laderaum und sogar ein Deck höher. Auf dem nach achtern offenen Wetterdeck umweht die Trailer frische Ostseeluft. Sonnenaufgang und -untergang manchmal inklusive – als »Göttin der Morgenröte« ist die AURORA dafür zuständig. Zumindest bei den alten Römern war sie es mal.

Komfort großgeschrieben

»Wir sind keine RoRo-Fähre, sondern ein Frachter!«, betont nicht ohne Stolz AURORA-Kapitän Moritz Gabriel, an Bord kurz und freundlich »Gabi« genannt, »denn wir transportieren ausschließlich Ladung.« Dennoch können sich die Fernfahrer wie auf einer Passagierfähre fühlen, allerdings ohne Massenbetrieb. Die Scandlines-Finnland-Fahrerfamilie ist klein: je 18 Mann in zwei Schichten plus zwei nautische Praktikanten und zwei Azubis. Auf Wunsch zeigen die beiden Kapitäne während eines Rundgangs »ihren« Dampfer, auch den Truckern. Die Brücke steht Besuchern offen.

MERCHANT-Chief Andreas Starck lässt es sich nicht nehmen, durch den »Keller« zu führen. Zwei 6.600-kW-Diesel bringen das Schiff in Fahrt: auf 16 Knoten. In 24 Stunden werden so rund 40 Tonnen – 1,7 pro Stunde – Schweröl verbraucht. Das ist rund siebeneinhalbmal weniger, als wenn die Trailer mit 500-PS-Zugmaschinen über Land donnern würden. »From road to sea!«, lautet denn auch das Motto von Scandlines, um Straßen und Umwelt zu entlasten.

Komfortable Ruhepause

»Das hält man schon mal zwei Tage während einer Überfahrt aus«, lacht ein estnischer Fahrer: »Die verwöhnen uns hier nach allen Regeln der Küchenkunst«. »Das Essen ist ein nicht unwesentlicher Wohlfühlfaktor, betonen Petra und Karl-Heinz. Sie strahlen mit der blitzblanken Küche um die Wette.

Hanno ist ein typischer finnischer Trucker: blond, rundlich, gemütlich, freundlich. Der 57-Jährige spendiert eine Büchse Bier und erzählt Geschichten aus dem Leben als Kilometer-Millionär. Der Vorteil gegenüber dem Bordleben: »Trotz 140.000 Kilometern auf Achse pro Jahr bin ich doch ein bisschen öfter zu Hause als früher in weltweiter Fahrt.«

Mit seinem Scania-42-Tonner ist der ehemalige Seemann unterwegs mit einem Blockhaus-Bausatz von Oulu in Nordfinnland nach Bordeaux in Frankreich und zurück. »Nach einer Woche und 7.000 Kilometern geht's wieder mit einem der beiden Dampfer nach Hause«, freut er sich und genießt die komfortable Bord-Ruhepause nach und vor dem Fahrstress. Das Schiff sei zwar schon rund 30 Jahre alt, »aber es ist sehr gut gepflegt und bietet einiges. Außerdem sind wir hier unter uns!« Ein Geheimtipp unter den »Königen der Landstraße«!

Gut zu wissen:

***Abfahrten** mit zwei Schiffen. Montags, mittwochs, donnerstags und samstags ab Rostock 22 Uhr, ab Hanko montags, dienstags, donnerstags und samstags 15 Uhr.*
Kürzeste Finnland-Route von Rostock nach Hanko und zurück. 516 Seemeilen in 32 Stunden.

Hanko voraus!

Enge und niedrige Brückendurchfahrt in Göteborg

NICHT NUR INS HERZ VON SCHWEDEN

Mit FREDO auf kleiner großer Fahrt

»Vänersee? Kenn ich nicht!« Ein Geografierätsel? 99 Prozent der Befragten haben nie von ihm gehört. Dass es der größte See Schwedens ist, verwundert alle. Mit dem kleinen Stralsunder Kümo. Die Fahrt ist nicht nur ein besonderes Erlebnis, sondern bietet auch Erkenntnisgewinn.

Vierow am vorpommerschen Greifswalder Bodden – kennt auch kaum jemand. Dort werden 1.600 Tonnen vorpommersches Rapsschrot geladen, Futtermittel für Schweden. Dann werden die Leinen zur knapp zweiwöchigen 1.200-Seemeilen-Rundreise losgeworfen.

Rügens Abschieds-Feuerwerk

Der Himmel über dem Bodden glüht an diesem Augustabend, als der 83 Meter lange Frachter Kurs auf die Ostsee nimmt. Querab Binz knallt es am Himmel: Gleich mit zwei Feuerwerken – das andere über Ralswieks Störtebeker-Festspielen – wird FREDO verabschiedet. »Das hatten wir noch nie«, gesteht der 39-jährige Kapitän. Das Arkona-Leuchtfeuer blitzt in die Nacht. Eine sanft rollende See sorgt für geruhsamen Schlaf in der gemütlichen Kabine.

Blick am nächsten Morgen aus dem Bullauge: Eine weiße Wand zieht vorbei – das ZDF-»Traumschiff« DEUTSCHLAND auf Kopenhagen-Kreuzfahrtkurs. Mit dem Unterschied, dass der FREDO-Passagier einziger Gast an Bord ist. Für nur 50 Euro pro Nacht ist man dabei und kann Seefahrt pur genießen. Ohne ISPS-Sicherheitsschranken, denn Brücke und Maschinenraum stehen dem Frachterreise-Fan jederzeit offen. »Gutbürgerliche Kost« inklusive, vom ewig lächelnden philippinischen Koch-Matrosen Fredo – die Namensgleichheit mit dem Schiff ist rein zufällig – liebevoll zubereitet. Täglich mehrfaches »Captains Dinner« in der Crew-Messe ohne Schlips und Kragen ist garantiert.

Auf dem »grünen Weg«

Durch den Öresund wird das Kattegat angesteuert. Am Abend passiert MS FREDO Göteborg. Ein maritimer Augenschmaus! Vor allem der historische Schiffspark vom Frachteroldtimer, über ein graues Kriegsschiff bis zum schneeweißen Viermaster VIKING.

Gegen den Strom des Göta älv schiebt sich der auffällig türkisfarbene Frachter nach Nordosten und steuert die zehn Kilometer lange, ins Milliarden Jahre alte Urgestein gesprengte Strecke des Trollhättankanals an. Gleich links von der Jordfalsbron-Straßenbrücke leuchtet die 800 Jahre alte Bohusfestung gespenstisch angestrahlt herüber. Bereits vor 800 Jahren diente der Göta älv als natürlicher Handelsweg. Heringe und Salz von der Ostseeküste wurden gegen Holz, Getreide und Eisenwaren aus dem Binnenland getauscht. Von der vierzig Meter hohen Granitkuppe konnte man den Handelsweg ausgezeichnet kontrollieren. Daher und zur Verteidigung der norwegischen Südgrenze gegen die aufrührerischen Schweden wurde 1308 die Festung errichtet.

MS Fredo lädt Hafer mitten im Schilf des Vänersees.

Bohus-Festung aus dem 13. Jhdt. an der Göta älv

Über sechs Schleusen wird FREDO während der Nacht um 44 Meter bis Vänersborg geliftet, dem »Tor zum Vänersee«. Der gibt sich am frühen Morgen ostseemäßig: Nach drei Stunden ist kein Land mehr in Sicht. »Bei Sturm bauen sich«, weiß Lotse Jonas Alexanderson, ein

Infos

Schiffsdaten MS FREDO:

Bauwerft: Schiffswerft Hugo Peters, Wewelsfleth/Stör; Baujahr: 2/1985; Bau-Nr.: 607; Flagge: Deutschland; Taufname: PREMIERE (bis 2002), danach MONTIS , ab 1. Mai 2010 FREDO (Zusammensetzung aus den Heimatorten der Eigner Willem (Freiburg/Unterelbe) und Bernd Blanck (Dornbusch/Unterelbe); GL-Klasse: GL+100 A4 MEG;

Technische Daten: Länge: 82,45 m, Breite: 11,33 m, Tiefgang (max.): 3,43 (Typ Saima/Vänern-max, da der Frachter früher jahrelang zu den finnischen Seen unterwegs war); 1 Luke (3.105 Kubikm. Schüttgut); eingerichtet für Container-Transport: 46 TEU, verstärkt für Schwergutladung; BRZ: 1.649, Tragfähigkeit: 1.829 tdw, Ladetonnen: 1.700 Tonnen; Displacement (Ladetonnen und 865 t Schiffsgewicht): 2.694 t; Maschine: MWM, Typ TBD 440-6K, 441 kW (700 PS), Geschwindigkeit (max.): 10,6 kn

Crew (max.): 7

Passagiere: 1 Doppelkammer (Bad/WC/Dusche gemeins. mit 1. Offizier), breite Koje, Schrank, Sitzecke, Tisch, Stuhl, Schubfächer, Sat.-TV, Waschmaschine/Trockner können problemlos benutzt werden, (Brücke und Maschinenraum stehen dem Gast jederzeit offen;1 Einzelkammer (Dusche/ WC nebenan).

Outdoor-Spezialist und Kajakfahrer, »hier bis zu vier Meter hohe Wellen auf, die selbst größere Dampfer zum Schaukeln bringen.« Der landumschlossene See habe eben sein eigenes Wetter. Als einziger Vänern-Lotse, sagt er nicht ohne Stolz, darf er alle Häfen befahren. Sechs Jahre Ausbildung waren dafür vonnöten.

Eiswinter 2009/10

Im vergangenen harten Winter mussten zwei Eisbrecher die Fahrrinnen offenhalten. So manches Schiff sei trotzdem in eine gefährliche Lage mit Eispressungen gebracht worden, vernimmt man staunend, und das mitten im Herzen Schwedens! »Bei minus 30 Grad wuchs die Eisdecke auf über einen Meter Dicke an«, berichtet Jonas, »da brauchten wir statt fünf bis zu 35 Stunden für die Überfahrt.« Auf seinem Laptop hat er beeindruckende Bilder und Filme gespeichert. Autos seien von einem Ufer zum anderen gefahren, auch Ski-Langläufer hatten auf der verschneiten Seefläche ihr sportliches Vergnügen. Die dünnere Frühjahrseisdecke habe er dann schließlich mit seinem robusten Seekajak am Ufer ein wenig aufbrechen können.

Das waldumschlossene 150 mal 85 Kilometer messende und bis zu 100 Meter tiefe Gewässer, der »grüne Weg«, wird jährlich von über 3.000 Frachtern bis 89 Meter Länge und 6.000 Tonnen Tragfähigkeit überquert. Sie laden oder löschen Getreide, Mineralölprodukte, Holz, Zellulose und Papier.

Die Zufahrten zu den Häfen sind wie die Schleusen schiffseng. »The speed is your best friend«, lächelt Lotse Jonas angesichts der felsgespickten slalomartigen Zufahrten, »denn wenn du zu langsam fährst, lässt sich der Dampfer nicht mehr steuern.«

Steinalter Vulkan mit Seeblick

Die ein- bis zweitägigen Hafenliegezeiten lassen sich für ausgedehnte Fuß- und Radwanderungen (es gibt vier Fahrräder an Bord) nutzen mit Badepausen im glasklaren See, der Trinkwasserqualität hat. Im Hochsommer locken Beeren und Pilze zum Sammeln oder im klaren See Lachs angeln. Koch Fredo zaubert dann aus allem etwas Schmackhaftes.

Blick vom Kinnekull auf den Vänersee

Das vorpommersche Viehfutter aus dem Silo von Anklam verschwindet im Speicher des kleinen Ortes Hällekis. Genügend Zeit, um per Rad den 350 Meter hohen Hausberg Kinnekull, ein steinalter Vulkan, anzusteuern und zu besteigen. Die Belohnung der schweißtreibenden Mühen: ein traumhafter Ausblick über den Vänern. Manchmal meint man auf den einsamen Waldwegen sogar Trollen zu begegnen.

Dann fünf Stunden See(n)-Fahrt in Ballast nach Skattkärr im äußersten nördlichen Seezipfel. Der 83 Meter lange Frachter muss sich mit nur 40 Meter Liegeplatz begnügen. Der allerdings ist idyllisch eingebettet ins Schilf zwischen Ferienhäusern und Schäreninseln. Ein ideales Wander- und Baderevier.

Haferflocken fürs Frühstück

Doch Kapitän Willem Blanck sorgt sich um die trockene Verladung von 1.500 Tonnen Hafer für ein Lebensmittelwerk in Bremen, als es anfängt zu nieseln. Luke dicht und abwarten, heißt dann nur noch die Devise. Erster Offizier Wolfgang Hagenah, der für die Beladung verantwortlich ist, sieht's gelassen: »Wir haben zeitlich genügend Luft.« Das garantiert die nach wie vor attraktive Tagespassage des Nord-Ostsee-Kanals, der Crew und Schiff auch eine harte Schaukelpartie rund um Skagen erspart, denn, so Willem Blanck, »Wir Seeleute hassen nichts mehr als Seegang, Nässe und Kälte«. Da könne man weder richtig arbeiten, essen oder schlafen. Dass FREDO später in der Deutschen Bucht dennoch für ein paar Stunden von einem Kuhsturm mit bis zu zehn Windstärken gepackt wird, ist für alle das kleinere Übel.

Frühstück im Nord-Ostsee-Kanal

»Leinen los!« Gekonnt manövrieren Lotse Jonas und Kapitän Willem, in Schweden duzt man sich unkompliziert, den voll beladenen Frachter rückwärts um die Ecke aus der Parklücke. Acht Stunden dampft FREDO seit dem frühen Morgen, anfangs noch durch eine dichte Wald- und Schärenflur, dann nur noch einsam, ohne ein Schiff oder gar Land zu sichten, über den mächtigen See. »Damit du den Trollhättankanal auch bei Tage erleben kannst«, grinst Blanck, der ihn schon über 30-mal passiert hat. Für ihn sei das der schönste Wasserweg, gesteht er, »weil er mitten durch eine wunderschöne Landschaft verläuft und für mich als Nautiker noch eine echte Herausforderung ist.«

Der Frachter verlässt eine Trollhättanschleuse

Gut zu wissen:

Trollhättankanal, Vänersee

Seit Urzeiten strömt der Göta älv mit bis zu 2,5 Knoten durch ihr selbst gegrabenes Flussbett. In der Nähe von Vänersborg schießen seine Wassermassen noch wie zu Urzeiten ungebremst zu Tal. 300.000 Liter pro Minute. Rund 700.000 Menschen verdanken dem Fluss ihr Trinkwasser.

Die Kanalisierung wurde seit der Eröffnung im Jahre 1800 als technisches Wunderwerk gefeiert. Der Seeweg von Göteborg zum Vänersee, dem zweitgrößten See Europas, hatte seinen Namen: Trollhättankanal. Zehn Kilometer misst er auf 72 Kilometer Gesamtstrecke zwischen Kattegat und Vänersee.

Rund 3.000 Vänern-Max-Frachter (bis zu 6.000 Tonnen Tragfähigkeit, 89 Meter Länge und 12 Meter Breite) nutzen die ganzjährig geöffnete Route, den »grünen Weg«, wie der natürliche Transportweg genannt wird, alljährlich. Er bringt es »nur« auf eine Ladungsmenge von rund sechs Millionen Tonnen jährlich und hinsichtlich der Dimensionen nur auf ein Viertel, die der nordamerikanische Sankt-Lorenz-Seeweg aufweist, aber ein Eindruck der »Große-Seen-Fahrt« entsteht trotzdem. Sechs Schleusentreppen heben oder senken die Schiffe, die dabei 44 Meter bis auf Meeres- oder Seehöhe überwinden.

Auch Tausende von Freizeitbooten, die auf diese Weise – später auf dem Götakanal – relativ gefahrlos, bequem und kürzer von der Ost- zur Nordsee oder umgekehrt fahren können.

Mit rund 5.600 Quadratkilometern und 22.000 Inseln ist der Vänern größter See Schwedens. 150 mal 80 Kilometer in der Längen-Breiten-Ausdehnung und bis zu 106 Meter tief. Sechs Jahre braucht der Vänern, um sein Wasser komplett zu erneuern.

22.000 Seezeichen, davon 100 Leuchttonnen, und acht Lotsen erleichtern die Navigation.

Info/Buchung:

Tel.: 0171 2111839 (Kpt. Willem Blanck); E-Mail: fredo@gmx.info.

Preis (inkl. Vollpension): 50 Euro/Tag

Tipp:

FREDO (Heimathafen Stralsund) bietet sehr reizvolle Reisen zwischen großen, kleinen und kleinsten Nord- und Ostseehäfen, Flüssen, Kanälen und Seen.

Die im Folgenden beschriebene Reise ist auch ein typisches Beispiel dafür.

Nachtrag: Rettungsboote und glückliche Passagiere

»Das sicherste Schiff der Welt«, scherzt ein Elbe-Radarberater über Funk und meint damit acht Rettungsboote. Er fragt nach: »Wie viel Crew seid ihr eigentlich?« – »Sieben«, gibt Steuermann Bernd Blanck zurück, »für jeden von uns mehr als eins!«

MS FREDO trägt fünf von ihnen an Deck und drei im Laderaum. Kapitän Willem Blanck sieht das anders: »Eine saubere, gewinnbringende Ladung«, freut er sich. Die beiden Passagiere jedoch sind glücklich, dass sie diesen spektakulären Transport erleben dürfen: von der Hatecke-Werft in Krautsand an der Unterelbe nördlich von Hamburg zur Meyer-Werft nach Papenburg an der Ems.

Die gelben 15 Meter langen, zehn Tonnen schweren und 270 Passagiere fassenden Boote – insgesamt 16 in zwei Fuhren – sind bestimmt für das mit 130.000 Tonnen bei 340 Meter Länge größte je in Deutschland gebaute Passagierschiff, die DISNEY FANTASY.

Ostfriesischer Humor

FREDO tastet sich durch pottendicken Nebel elbabwärts. »Zum Glück nix los heute«, freuen sich die Brüder. Und wir uns auf das Abendessen: Filipino-Smutje Philipp serviert Rouladen mit Salzkartoffeln, Sauce und Rotkraut, als Nachtisch Zitronencreme. »Kochen wie bei Muttern«, erklärt Willem, »das haben wir ihm beigebracht.«

Die Nordsee gibt sich bleiern, aber mit nur zwei Seemeilen Sicht. Die Ostfriesischen Inseln werden im (Passagiers-)Tiefschlaf passiert, während sich Bernd und Willem alle sechs Stunden abwechseln und mit viel Kaffee und Zigaretten wach halten.

Frühstücksblick: Borkum in gedämpftem Winterlicht an Backbord. Nur der Leuchtturm blitzt seine Kennung hell herüber.

Emden verhüllt sich im Nebel. Als um 12 Uhr das Emssperrwerk passiert wird, fragt Uli zweifelnd: »Durch dieses Nadelöhr passen die Riesenpötte von Meyer?« Vor der berüchtigten Eisenbahnbrücke von Weener gerät er gänzlich aus der Fassung: »Da passen wir ja mit unserer FREDO kaum durch!« Im trübgrauen Ems-Kielwasser verquirlen Fragezeichen.

Der Schleusenwärter von Papenburg zeigt ostfriesischen Humor: »Ihr müsst ja einen vorsichtigen Kapitän haben – bei so vielen Rettungsbooten. Die beiden Blancks grinsen nur über so viel Aufmerksamkeit und konzentrieren sich auf das Drehmanöver im Werfthafen.

MS FREDO mit gelber Decklast vor der Emsbrücke Leer. Peter Pospiech

Staunen und Stolz

Während MS FREDO seine millionenschwere 90-Tonnen-Ladung in drei Stunden per Kran an der werfteigenen Pier löscht, genehmigt Peter Hackmann, Sprecher der Werft, sogar eine Werftbesichtigung. Bis zum Dach der 80 Meter hohen Schiffbauhalle reichen die Masten der AIDAMAR und »unserer« DISNEY FANTASY. Man muss sich schon den Hals ausrenken, um nach oben zu schauen – und mit offenem Mund zu staunen. »Unfassbar!«, fällt Uli nur dazu ein, während er unter dem weit ausladenden Steven der FANTASY mit ihrem gelben Mickey-Mouse-Logo hindurchgeht. Die FREDO-Crew ist stolz, dass ihr nur 83 Meter langer 1.665-Tonner mit dem Transport der leuchtend gelben Hatecke-Sicherheitsflotte zur Ausrüstung des Superschiffes beiträgt. Willem verkündet, dass »wir genügend Zeit haben und über Nacht an der Pier liegenbleiben«. In der Seemannssprache heißt das eine Bauernnacht. Wunderbar für ihn, denn im Fernsehen soll heute Abend das Länderspiel Deutschland-Holland lau-

MS DISNEY FANTASY in der Schiffbauhalle

fen. Wir fahren per Bus downtown Papenburg, um die lokale Gastronomie samt Bier zu testen. Ein schmuckes Städtchen, wie wir einhellig feststellen. Ebenso wie Weener, wohin uns Hartmut, ein alter Bekannter, fährt. Beim »Griechen« gibt's Souflaki satt und herbes ostfriesisches Pils.

Voll bis unter die Halskrause

Sieben Uhr früh: »Leinen los!« Kurs Unterweser. In 22 Stunden Nordsee- und Weserfahrt steuert FREDO den geschäftigen Schüttguthafen an. Um fünf Uhr früh kann Willem ins Schiffstagebuch schreiben: »Fest in Brake« und sich nach sechs Stunden nächtlicher Revierfahrt endlich in die Koje legen. Draußen wird es staubig, als der Rüssel eines Speichers die ersten Tonnen Futtermittel in Form von Rübenschnitzelpellets in den Laderaum pustet.

Nach fünfeinhalb Stunden – für einen Stadtrundgang samt kleinerem Einkauf hat es gut gereicht – heißt es »Luken dicht!«. Mit 1.600 Tonnen ist FREDO voll bis unter die Halskrause. Bestimmungshafen: Horsens südlich von Århus im dänischen Jütland.

Tagfahrt weserabwärts an Bremerhaven und seinem brummenden Containerterminal vorbei. Auf der FREDO kommen wir uns vor wie auf einem Rettungsboot – hat die vorige Ladung vielleicht abgefärbt? – gegen die 350 Meter langen Blechkisten-Weltmeister.

Die Kugelbake, das schwarze hölzerne Dreibein mit dem Ball obendrauf, Cuxhavens Wahrzeichen, wird zum Greifen nahe passiert.

Wochenendvernügen Dänemark

Abends Einlaufen in die Schleuse Brunsbüttel. Nachts rutscht Fredo ohne Lotsen – »den brauchen wir als Freifahrer nicht«, sagt Willem, »denn als geprüfter Vielfahrer bin ich befreit davon – durch den »Graben«. So nennen Seeleute ein bisschen herablassend den Nord-Ostsee-Kanal.

Zum Frühstück präsentiert sich Kiel. Nachmittags schlängelt sich Fredo durch die idyllische Inselwelt der »dänischen Südsee«. Steil- und Flachküsten, kuschelige Bauernhöfe und Wälder ziehen wie ein Film an beiden Seiten vorüber. Die große Hafenstadt Fredericia bringt da etwas Abwechslung, als ein Großtanker von mehreren Schleppern an die Ölpier gedrückt wird. Um 20 Uhr fädelt sich Fredo durch die schmale Zufahrt in den Stadthafen von Horsens. Feierabend und erste Ortserkundung. Dänische Gemütlichkeit prägt die weihnachtlich herausgeputzte Altstadt.

Während sich Fredos Rübenschnitzel ein riesiger Greifer packt, packen wir die Bordfahrräder an Land und strampeln los. Nicht ohne uns vorher im Rathaus gratis Umgebungskarten besorgt zu haben. Wir sind in dieser touristenunfreundlichen Jahreszeit

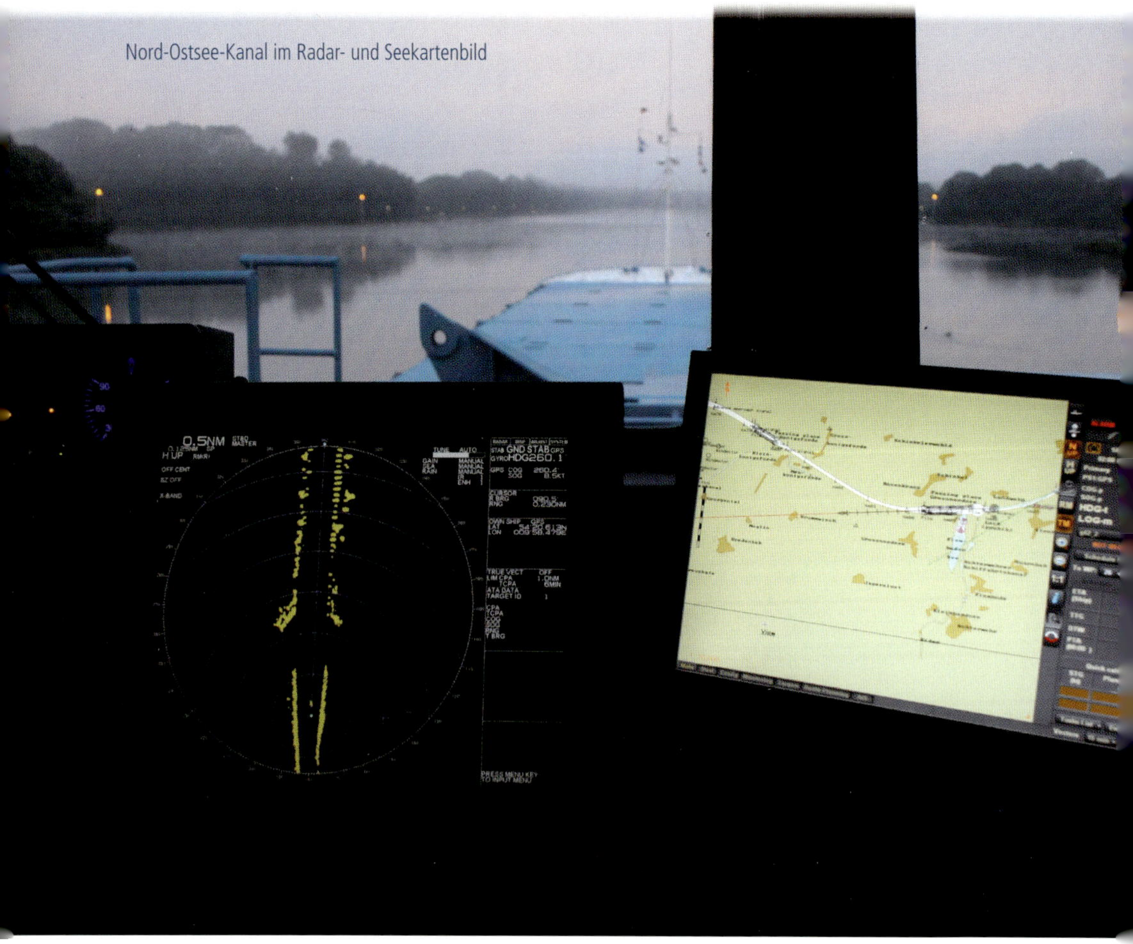

Nord-Ostsee-Kanal im Radar- und Seekartenbild

allein und genießen das Auf und Ab der hügeligen Moränenlandschaft aus der letzten Eiszeit mit ihren Seen, Weiden, adretten Gehöften und weiß gekalkten Kirchen.

Willem und Bernd Blanck sind übers Wochenende nach Hause gefahren – mit ihren Autos, die sie in Blechgaragen auf der Luke verborgen hatten. Wir haben viel Zeit, uns umzuschauen. Sogar per Zug ins quirlige, nahe Århus.

Knatternder Heimathafengruß

Sonntagabend ist die Crew wieder komplett. Bis mittags wird gelöscht, und dann heißt es: Kurs Heimathafen – durch den Grønsund zwischen Falster und Møn hindurch, im Nachtsprung über die Ostsee, an Hiddensee vorbei bis zum Lotsen. Der steigt um fünf Uhr früh über und berät – diesmal Pflicht wegen Nacht und Tiefgang – den Kapitän während der Fahrt durch die tückische Nordansteuerung bis an den vorgesehenen Liegeplatz in der Hansestadt Stralsund. Die Masten des Traditionsseglers GORCH FOCK (I) und das weiße Museumsgebäude des Ozeaneums grüßen herüber. FREDOs hansestädtisch rote Heimathafenflagge mit weißem Pfeil knattert im Morgenwind zurück. Nur das Typhon will Willem, der hier gern urlaubt, nicht losdröhnen lassen: »Wir könnten ja die Leute aufwecken.«

750 Seemeilen stehen auf dem Schiffs-»Tacho«, doch es geht weiter: Vorpommersches Getreide für das am Weser-Nebenfluss Hunte liegende Oldenburg wird geladen. Der Autor ist froh, nach einer Frachterreise endlich mal nur in fünf Minuten zu Hause zu sein, seine Frau zu umarmen und mit ihr wieder gemeinsam zu frühstücken.

Und die DISNEY FANTASY? Sie hat im Februar 2012 erstmals den Atlantik überquert zu ihrem Kreuzfahrt-Einsatzgebiet zwischen USA- und Karibik-Häfen. Wie Signale leuchten ihre gelben Rettungsboote und erinnern an ihre erste Seereise mit der kleinen FREDO aus Stralsund.

Goldenes Tor in Danzig

ES BEGANN AN DER WEICHSEL

Premiere mit NATALIA zwischen West- und Ostpreußen

Lukasz Krajewski ist Polens jüngster Reeder. Als Erster im Land bietet er Charterfahrten auf Weichsel und Nogat an. Seine kleine Wislana-Cruises-Flotte umfasst mittlerweile sechs Hausboote. Der Autor steuerte einmal rund um das Weichseldelta – eine 220 Kilometer währende Flussfahrt von Danzig nach Danzig.

Bange Frage: Wo ist sie? Man sieht den Wald vor lauter Masten nicht und ist erst einmal ratlos. Bis sich sechs Räder aus dem Gewirr abheben. Das müsste sie sein, besser gesagt ihr Oberbau. Ein Fahrradständer überragt nämlich alles andere. Wenn auch nicht an Größe, so doch an Höhe. NATALIA prangt in hellblauen Lettern auf ihrem makellos glänzenden Rumpf, der in vornehm-königlichem Dunkelblau gehalten ist.

Schließlich begeben wir uns auf einen majestätischen Wasserpfad, die Weichsel. Mit rund 1.000 Kilometern Länge gilt sie als Königin der polnischen Flüsse.

Mottlau auf Höhe Null

Noch ist die zehn Meter lange Bootsdame NATALIA eingeklemmt zwischen großen und kleinen, protzigen und bescheidenen Booten. Im Sommer ist das internationale Gedränge

Altstadtpartie an der Mottlau

in der Mottlau-Marina beängstigend. Der Blick auf das gegenüberliegende Krantor, Wahrzeichen der altehrwürdigen Hansestadt Danzig, entschädigt dafür umso mehr.

Die Salonfenster sind beschlagen. Untrügliches Zeichen, dass es innen brutzelt. In der Luft liegt der Duft von Gebratenem. Die Tür fliegt auf: »Welcome on board, I am Bartek!«, stellt sich ein junger Mann vor. Hinter ihm hantiert eine junge Frau am Herd. »And I am Dominika«, strahlt sie den Gast aus Deutschland an. Ohne Umschweife bittet sie zu Tisch und packt die Teller voll mit saftigen, goldgelben Schnitzeln und Tomatensalat. Nach fünf Stunden Bahnfahrt von Stettin durch Hinterpommern langt man umso lieber zu und lässt sich die freundliche Willkommensmahlzeit einfach nur schmecken.

»Wir sollten nach dem Essen ablegen«, kalkuliert der 25-jährige Bartek, Geschäftspartner von Lukasz. Vor sich hat der studierte Kartograf und Geodät eine Karte ausgebreitet. »Um 19 Uhr«, weiß er, »öffnet die Pontonbrücke von Sobiescewo heute zum letzten Mal. Danach können wir noch bis vor die Schleuse Pzegalina tuckern.«

Rathaus und Marienkirche wandern als Spitzen über die Bürgerhausdächer an der Mottlau, auf der unsere Motoryacht »Haber 33 Reporter«, so die offizielle Typenbezeichnung, den Danziger Hafen ansteuert. Aus Höhe Null wirkt der attraktive Mottlau-Kai noch beeindruckender. Die Premierenfahrt des jüngsten und größten Neubaus der Wislana-Cruises-Flotte beginnt.

Ufer-Impressionen

Als schräg voraus der mächtige weiße Wasserbart eines Hochseeschleppers auf die Natalia zuschäumt, möchte man am liebsten stoppen oder abdrehen. »Keine Panik!«, beruhigt Bartek und bleibt lächelnd auf seinem Kurs, schließlich habe man ja Vorfahrt. Die

Männer hoch oben auf der »Kambr«-Brücke stört das nicht im Geringsten. Im Gegenteil, sie winken freundlich nach unten, und der rote Koloss dreht sich elegant wiegend nach Backbord. Uff! – Das ist scheinbar knapp gewesen.

Die Kran- und Neubaukulisse der früheren Lenin-Werft, von der mit Lech Walesa 1980 die Solidarnoscz-Bewegung ausging, verliert sich im Kielwasser der Martwa Wisla, wie die Tote Weichsel polnisch heißt. Die Ufer sind gespickt mit sozialistisch anmutenden Zweckbauten. Die hässliche Palette reicht von dröhnender Metallverarbeitung über flammende Petrochemie bis zu übelriechenden Klärbecken. Da muss man sich schon mal die Nase zuhalten.

Voraus die Pontonbrücke. Eine schwachbrüstige Barkasse zerrt an dem rostigen Mittelstück, das sich widerwillig knarzend öffnet. Bohnsack hieß bis 1945 der Ort an der Zatoka Gdanska, der Danziger Bucht. Auf beiden Seiten kreuzen wartende Boote. Doch hier gilt, wie Bartek sagt: »Wer zuerst kommt, mahlt zuerst!« Mit dem Hebel auf dem Tisch, aber nur 13 spritsparenden PS, rauscht NATALIA als Erste durch die Lücke. An Steuerbord der »Kilimandscharo« vom Weichselufer. Bartek grinst, als er nach dessen Bedeutung gefragt wird: »Eine frühere Abraumhalde, die zum Danziger Skiparadies umfunktioniert werden soll.«

Einlaufbier zum Wellengluckern

Bis Einlage, dem heutigen Przegalina, wird der Skipper von seinem Gast abgelöst. Vor Sonnenuntergang erreicht NATALIA die erste Schleuse. »Theoretisch könnten wir zwar weiterfahren, aber wozu?« Bartek erklärt, dass für Hausboote ein Nachtfahrverbot bestehe, die Schleusen gegen Aufpreis aber arbeiten. Außerdem haben wir Zeit, wollen entschleunigen und alles bei Tageslicht sehen.

Der Schleusenwärter, den Bartek kennt, nimmt das Stromkabel entgegen. Über Nacht ist die Energieversorgung gesichert, und die Batterie wird geschont. Plopp! Kronkorken fliegen zu Boden. Das traditionelle Einlaufbier ist jetzt fällig.

Beim Auspacken des Rucksacks bleibt die Tür der Achterkabine geöffnet, sonst kann man sich im Vorraum weder umdrehen, noch an- oder ausziehen. Für die Crew kein Problem, da man ja »unter sich« ist. Das Größte daran: die den Raum einnehmende bequeme Doppelkoje. Ein Lämpchen verbreitet gemütliches Leselicht. Eintönig-beruhigend gluckern dazu die Weichselwellen an der Bordwand, während der Abendwind durch die geöffnete Luke säuselt

Unter Null im Weichsel-Werder

Winzig wirkt sie, die hübsche NATALIA, als sie am nächsten Morgen in die gewaltige Schleuse eindreht. Die wurde in erster Linie für dicke Dampfer konzipiert und ist ent-

Infos

Bootsdaten NATALIA:

Baujahr: 2009 in Ilawa/Deutsch-Eylau, Masuren; Typ: Haber 33 Reporter

Technische Daten: 10,10 Meter Länge; 2,98 Meter Breite; 0,47 Meter Tiefgang; 2,01 Meter Stehhöhe in der Kabine; 13-PS-Diesel, sehr günstiger 2,0-Liter-Verbrauch/Stunde; 10–12 km pro Stunde; Bugstrahlruder

Ausstattung: überdachter Außenfahrstand; sechs Fahrräder (attraktive Routen sind in die an Bord vorhandenen Karten eingezeichnet); 4 Schlafplätze, maximal sechs; Küche, Dusche/WC.

sprechend dimensioniert. – Freie Fahrt hinaus auf die »richtige«, das heißt »lebendige« Weichsel. Gegen ihre Strömung boxt sich NATALIA nach Süden, und zwar problemlos. Der entgegenkommende Schleppzug mit einem holländischen Binnenschiff-Neubaukasko aus dem nordmasowischen Plock hat es da schon schwerer, das sperrige 135-Meter-Ding auf Kurs zu halten.

Nur sechs Kilometer stromabwärts öffnet sich die beidseitig eingedeichte Flusskönigin zur Ostsee, deren Wellen in den Mündungstrichter rollen. Erst der Weichseldurchstich von 1895 machte das möglich. Nur einen Katzensprung weiter, bei Flusskilometer 931, nehmen

Die gewaltige Marienburg

wir Abschied von der Weichsel – bis später. Die Schleuse Skarpowo/Scharpau erwartet uns schon nach Barteks Anruf. Auf Polnisch natürlich. Ohne diese Sprachkenntnisse geht es allerdings auch. Lukasz übernimmt dann per Handy die Kommunikation aus der Ferne.

Auf der Elbinger Weichsel führt der Generalkurs nach Osten. Durch das sattgrüne Tiefland der Zulawy, dem früheren Großen oder Weichsel-Werder. Scheinbar menschenleer, denn außer allerlei Wasservögeln sieht man keinen Menschen. Vielleicht, weil das Land mit 1,8 Metern unter dem Meeresspiegel zu tief liegt und überflutungsgefährdet ist? Doch schon im 13. Jahrhundert begannen holländische Siedler, aus ihrer Heimat vertriebene Mennoniten, damit, ein Entwässerungssystem anzulegen. Polder und die Abtrennung aller übrigen Weichsel-Mündungsarme von der Ostsee durch Schleusen erinnern noch heute daran. Die Vielfalt dieses Wasserreservoirs begründete ein Naturparadies von europäischem Rang. 70 Prozent aller in Polen beheimateten Vögel nisten hier. Biber und sensible Pflanzen wie der Wasserfarn Salwinia zeigen an: Das Wasser ist wieder sauber.

Piroggen und Wodka

Mittagspause vor der in holländischem Stil gehaltenen Zugbrücke von Drewnica/Schönbaum.

»Heute bleibt die Küche kalt«, grinst Bartek verschmitzt. »Szkarpawianka« lockt. So heißt die Kneipe am gegenüberliegenden Ufer. Sozialistisches Betongrau außen, passend dazu das rot-gelb-blaue Ambiente innen. Zwei polnische Arbeiter richten sich mit Wodka und Selbstgedrehten auf die Siesta ein. Die Wirtin blond, jung und freundlich: »Piroggen wollt ihr? Zum Mitnehmen? Nie ma problemu«, was so viel heißt wie »kein Problem«. Nach knapp 20 Minuten ziehen wir mit unserer preiswerten Fleischtaschenlast ab. Der

wettergegerbte Brückenwärter begleitet uns. 15 Minuten nach der offiziellen Zeit – in Deutschland undenkbar! – reckt sich die Fahrbahn in den Sommerhimmel. »Ein paar Wodka im Winter, dann klappt's auch im Sommer«, erklärt der Skipper die Situation. Winken hin- und herüber, »do widzenia, auf Wiedersehen!« Schon sind wir wieder allein unterwegs auf dem Strom nach Osten. Und das mitten in der Hochsaison!

Weitab hinter dem dichten Schilfkordon dämmern ehemals westpreußische Weiler vor sich hin. Einst hießen sie Kalteherberge, Fischerbabke, Groschenkampe oder Nogathaffkampen. Namen, die bei manch einem Erinnerungen wecken.

Bei Ostonka/Grenzdorf strömt die Elbinger Weichsel in die Nogatmündung. »Wollen wir aufs Frische Haff rausfahren?«, fragt Bartek und gibt dem am Ruder stehenden Gast auch schon die Antwort: »Halt dich mal an den Tonnenstrich zum offenen Wasser!«

Ostpreußen-Fanal

Wir kreuzen tatsächlich eine Grenze: die zwischen dem früheren West- und Ostpreußen. Scheinbar unendlich streckt sich das vom Westwind aufgeraute Gewässer ins Blaue. Irgendwo hinter dem Horizont noch eine Grenze: die schwerbewachte zwischen den ehemaligen sozialistischen Brüdern Polen und Russland. Im Nordosten die Frische Nehrung. Aus ihrem Walddickicht blinkt der Badeort Krynica Morska/Kahlberg-Liep, im Südosten erheben sich die Elbinger Höhen des ostpreußischen Ermlandes. Man sieht sie förmlich vor Augen, die Flüchtlingstrecks, die im Winter 1945 das zugefrorene Haff überquerten. Wobei viele einbrachen und für immer in den eisigen Fluten versanken.

Die Nogat abwärts gleitet NATALIA der Hansestadt Elblag/Elbing entgegen. Pause an der Kanaleinfahrt. Es ist schwülheiß geworden. Ein Gewitter steht grummelnd im Westen. Der

20 Grad warme Fluss lockt zum Baden von der bequemen Plattform am Heck. Geradezu luxuriös die abschließende Dusche.

Stadteinwärts zeigt sich Elbing wie Danzig von seiner industrialisierten Seite. Doch plötzlich überragt der 95 Meter hohe Nikolaikirchturm die grauen Hallen. Aus der Wasserperspektive präsentiert sich eine mustergültig restaurierte Altstadt, 1945 bis auf sechs Häuser völlig zerstört, von ihrer ansehnlichsten Seite.

Der abendliche Himmel über dem geschichtsträchtigen Fluss glüht lange wie ein Fanal, bis die hereinbrechende Nacht zum Anlegen vor einer Schleuse zwingt.

Geheimtipp mit Verführung

Wir sind nach wie vor allein, umgeben von purer Natur und einem vielstimmigen Vogel-, Frosch- und Grillenkonzert. Staunend und genießend stehen wir an Deck.

Nach dem Frühstück wird uns an Backbord ein mittelalterliches Juwel präsentiert: die Marienburg. Der deutsche Ritterorden lässt grüßen. Scharen von Touristen belagern heute das rot in der Morgensonne leuchtende UNESCO-Welterbe, Europas größte Backsteinburg. Wir steuern stattdessen weiter durch die Stille von Auewäldern, Wiesen und Weiden unaufhaltsam der Weichsel zu. Nach drei weiteren Schleusen, zum Teil aus dem 19. Jahrhundert und immer noch per Handbetrieb zu bewegen, begrüßen wir wieder die majestätisch dahinströmende Flusskönigin. Mit fast 18 Kilometern pro Stunde und sieben Meter Hochwasser unter dem Kiel rauschen wir beflügelt an Tczew/Dirschau vorbei, unter den berühmten Weichselbrücken hindurch nach Norden, Richtung Danzig. Bilanz am Abend: Ende der eindrucksreichen Premierenfahrt mit Geheimtipp-Charakter. Bootsjungfer NATALIA hat uns dazu verführt.

Gut zu wissen:

Allgemeine Auskünfte: *erteilt das Polnische Fremdenverkehrsamt, Kurfürstendamm 71, 10709 Berlin; Tel.*: 030-2100920; www.polen-info.de;

Anreise: *Mit dem Auto fährt man am besten über Stettin und dann weiter durch Hinterpommern nach Danzig. Beim Hotel »Gdansk«, am Mottlau-Yachthafen, gibt es einen bewachten Parkplatz.*

Am günstigsten fährt man mit der Bahn (1. Kl., ca. 30 € ab Stettin; auf dem Stettiner Hauptbahnhof/Szczecin Gwn gibt es eine Wechselstelle): um 10.10 Uhr ab Stettin, in Danzig kommt man um 15.44 Uhr an (ca. 5 € für das Taxi). Dann kann man noch losfahren und die letzte Brückenöffnung in Sobieszewo um 19 Uhr nutzen.

Mehrere Fluggesellschaften steuern zu unterschiedlichen Tarifen Danzig an.

Pauschal reisen: *Möglich sind nur individuelle Charterungen über www.vistulacruises.eu*

Übernachten: *Nach Danzig kann man von Berlin bequem an einem Tag anreisen. Wer möchte, kann unterwegs aussteigen und übernachten, natürlich schon einen oder mehrere Tage vor der Bootsfahrt. Danzig ist es wert!*

Essen und Trinken: *Das wird überwiegend an Bord sein. Unterwegs gibt es nur wenige Gaststätten an der Strecke, abgesehen von Stopps in, zum Beispiel, Elblag/Elbing, Marlbork/Marienburg oder Tczew/Dirschau.*

Wichtig: *Handtücher sind mitzubringen. Schlafsäcke und Decken werden gestellt. Preisgünstig einkaufen kann man vor der Abfahrt in Danzig nahe der Mottlau-Marina.*

Ein Handy sollte man dabeihaben (mögl. mit Adapter), um vor Schleusen oder Brücken, wenn nötig, mit den Wärtern (sie sprechen nur Polnisch) über www.vistulacruises.eu Kontakt aufzunehmen.

Vorrat sollte man möglichst für eine Woche mitnehmen. In den genannten Städten kann man natürlich auch »nachbunkern«. Baden im Fluss (sauber!) ist übrigens kein Problem. An der Badeplattform ist eine Dusche angebracht.

Reisebücher:

- *Polnische Ostseeküste/Danzig mit flipmap, Polyglott Verlag, ISBN: 3-493-56926-2, 7,95 €*
- *Polen mit flipmap, Polyglott Verlag, ISBN: 3-493-56826-6, 7,95 €*

Buchung: *Lukasz Krajewski, PL-43-600 Jaworzno, Telefon: 0048-606-208154, 606-361704; www.vistulacruises.eu Lukasz Krajewski ist Polens jüngster Reeder. Als Erster im Land bietet er Charterfahrten auf Weichsel und Nogat an. Seine kleine Wislana-Cruises-Flotte umfasst mittlerweile sechs Hausboote.*

Für einwöchige, führerscheinfreie Chartertouren gibt es fünf Streckenverläufe von rund 200 Kilometern (Weichselwerder und Flussfahrten zwischen Danzig und Krakau und zurück);

Preis für sieben Tage (saisonabhängig) zwischen 900 und 1.000 €; zusätzliche Kosten (Kraftstoff, Gas, Trinkwasser, Schleusen, Hafengebühren, Pkw-Parkplatz, Rücktransport zum Ausgangsort): ca. 300 € pro Boot; Anmietung eines Skippers auf Anfrage (50 €/Tag).

Neben der NATALIA *werden fünf zwei Meter kürzere, sehr einfach ausgestattete Boote vom Typ »Weekend 820« angeboten.*

PAPIERTIGER IM EISLABYRINTH

Frostiges Highlight für hartgesottene Seereise-Individualisten

Die aktuelle Internet-Eislagekarte zeigt Rot: das Aufbruchsignal für Fans lautstarker Seefahrt durch die *Bottenvik. Wenn der äußerste Nordzipfel der Ostsee alljährlich für mehrere Monate zufriert, müssen sich Frachter krachend zu ihren Bestimmungshäfen in Schweden und Finnland durchbohren. Das Eistheater ist bei Passagieren stark nachgefragt. Sie alle wollen in der ersten Reihe dabei sein.*

Blitzeis hat den Lübecker Nordlandkai in eine gefährliche Rutschbahn verwandelt. »Nordfrost« leuchtet es vom Dach eines Gebäudes. Firmenschild oder Wegweiser?

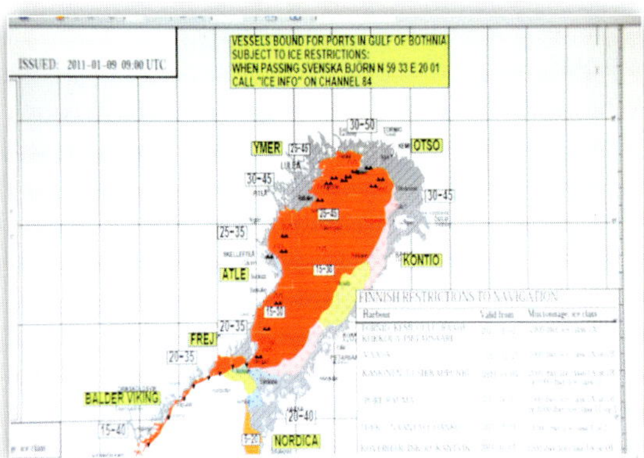

Aus dem Nebel schiebt sich verschwommen ein riesiges schwarzes Viereck. Die graue Trave wird durch quirlendes Schraubenwasser braun aufgemischt. Leinen fliegen an Land, die Gangway schwebt herab. TRANSTIMBER stellt sich der RoRo-Frachter mit den meterhohen gelben Buchstaben TRANSATLANTIC am blauen Rumpf vor. Die schwarze Klappe entpuppt sich als 26 Meter breite Heckrampe. Fast lautlos senkt sie sich auf die Pier herab und gibt den Blick frei in eine mehrstöckige Riesengarage. Spezialtraktoren dröhnen heran und beginnen sofort, überlange und -breite Container aus dem Laderaum zu zerren.

»Bis 22 Uhr müssen wir auslaufklar sein«, sagt Erster Offizier Jörgen Nilsson, als wir uns im Schiffsbüro melden, über dem ein Schild mit der Aufschrift »Kreml« hängt. Schließlich fahre man wie die beiden Schwesterschiffe nach einem festen Fahrplan. An Bord spricht man sich nur per Vornamen an, auch den Kapitän, und der heißt Kristian. Er zeigt die Kabinen und »den wichtigsten Raum an Bord«, die Messe. »Hier essen alle gemeinsam«, sagt er und überlässt Koch Ulf Gullberg samt Kochsmaatin Micha Hellberg weitere »nahrhafte« Informationen. Zu 17 Uhr öffnen sie das opulente »Middags«-Büfett. Zum Ausgleich sei das Fitness-Studio dringend angeraten.

Schärenmeer, gepudert und vergoldet

Ablegen nach Plan. Mit nur 5,5 Knoten Schleichfahrt tastet sich der fast 200 Meter lange Koloss den schleswig-holsteinisch-mecklenburgischen Grenzfluss abwärts. Das Schauspiel kann man auf der jederzeit offenen Brücke hautnah miterleben. Lockeres Travetreibeis weckt Vorfreude auf mehr.

Kapitän und Steuermann auf der Brücke

Über Nacht dampft der Frachter durch den Großen Belt und nimmt Kurs auf Göteborg, Schwedens größten Hafen, der von Eis blockiert ist. Für TRANSTIMBER ein Kinderspiel. Ladung wird gelöscht, neue kommt an Bord.

Vom Terminal verkehrt eine Buslinie in die City. Die Kälte treibt einen eher in die Bordsauna. Beim Freiluftabkühlen versinkt die Sonne über dem weiß gepuderten Schärenmeer und vergoldet es.

Grummeln spätabends als die Maschinen anspringen. Der Kurs verläuft zunächst durchs Kattegat und den Öresund nach Süden. Schon morgens zeigt der Steven nach Osten, dreht bei Bornholm dann allmählich auf Nordost. Mit schäumender Bugsee prescht TRANSTIMBER später zwischen Öland und Gotland hindurch immer weiter nach Norden. Viel Zeit für eine ausgiebige Schiffserkundung.

Über Kopfsteinpflaster

Am nächsten Vormittag nördlich der Ålandinseln: gleißende Sonne, beißende Minusgrade, aber immer noch kein Eis. »Das bekommen wir bald zur Genüge«, grinst Kristian, »kann ich euch hundertprozentig garantieren.« Unablässig schweift sein Fernglasblick über die trügerisch glitzernde See. »Seht mal, an Steuerbord treibt die erste Scholle – das ist erst der Anfang, bald hat uns auch das Festeis im Griff.« Voraus reflektiert eine weiße Fläche gegen den grauen Himmel. Wir stehen im Gebiet von Norra Kvarken, der zweiten Engstelle zwischen Schweden und Finnland. Schon bald wird die Piste rauer. Schollen reiben sich knirschend, berstend und reißend an der Bordwand, schieben sich übereinander, bäumen sich auf, versinken und schließen sich hinter uns wieder zu einer Fläche. »Wie Kopfsteinpflaster«, findet Zweiter Offizier Edsel Abat. Die Grünpflanzen auf der weitläufigen Brücke zittern wie Espenlaub, in der Messe klirrt wie zur Bestätigung das Geschirr. Die beiden 12.000-PS-Maschinen, umweltfreundlich mit stickoxidreduzierendem Katalysator und schwefelarmem Schweröl betrieben, wummern jetzt mit voller Kraft. Chief-Ingenieur Lennart Holmberg, der gern durch seinen hochtechnisierten »Unterwelt-Stall« führt, kennt den Durst seiner »Pferde«: »Bis zu 80 Tonnen Sprit saufen die in 24 Stunden.« TRANSTIMBER lässt sich vom Eis nur leicht abbremsen. Statt 17 Knoten wie im freien Wasser, fällt sie ab auf zwölf. Den Frachter mit der höchsten finnisch-schwedischen Eisklasse 1 A Super ficht das nicht an. Den finnischen Stareisbrecher NORDICA erst recht nicht, der mit einem Konvoi entgegenkommt und haarscharf vorbeirumpelt. Der Eisservice ist im Übrigen gratis, denn Finnlands Export läuft zu 80 Prozent über seine Ostseehäfen.

Infos

MS TRANSTIMBER:

Schwesterschiffe TRANSPAPER, TRANSPULP; Baujahr: 2005 (Schiffskörper in Danzig, Polen), 2007 Endausbau Aker Yards, Rauma, Finnland; Typ: RoRo-Frachter; höchste Eisklasse 1 A Super (bis 80 cm Eisdicke); Heimathafen: Skärhamn; Flagge: Schweden; Charterer: STORA ENSO, einer der größten Papierkonzerne der Welt; Eigner: Reederei TransAtlantic (www.rabt.se), Schweden; Makler in Lübeck ist die Schiffsmaklerei Manfred Schröder GmbH.

Technische Daten: 26.188 tdw; Länge: 190,8 m; Breite: 26,44 m; Tiefgang (max.): 7,80 m; 2 Maschinen je 12.069 PS) MAN B&W mit stickoxid- und schwefelreduzierter Katalysatortechnik; Geschwindigkeit (max.) 21 kn; 1 Verstellpropeller (Durchmesser: 5,5 m), 2 Bug- (je 1.072 PS), 1 Heckstrahlruder (1.072 PS); Bunkerkapazität: 800 t schwefelarmes (1 %) Schweröl; Stromversorgung im Hafen: umweltfreundlich durch Landstrom

Crew (12): schwedisch, philippinisch, Bordsprache: Englisch

Passagiere: 4 (max.) in 2 Kabinen: Schreibecke, Hocker, 2 Doppelstockbetten, Bad (Du/WC), Kühlschrank, Kleiderschrank, Schubfächer, TV, Radio, CD, DVD, Internetanschluss über USB-Kabel; 2 Aufenthaltsräume mit Großbildschirm-TV, 1 Internet-Café (alles gebührenfrei), Sauna, Fitnessraum; 3 Mahlzeiten (07.30, 12, 17 Uhr) mit Softdrinks (gefüllter Kühlschrank, Milch, Säfte, Kaffee, Tee sind immer verfügbar); Brücke jederzeit offen, Maschine nach Absprache mit Chief-Ingenieur

MS TRANSTIMBER auslaufend Göteborg.
Reederei TransAtlnatik

Elch- und Rentiersafari

Gekonnt manövriert Kapitän Kristian den »Papiertiger« durch das verschlungene Labyrinth. Für seine Offiziere hat er eigene Anweisungen entworfen, die an den Fahrstand geheftet sind, zum Beispiel: »Wenn du steckenbleibst, sofort den Kapitän rufen!« Mit Eis haben die Filipinos nämlich nichts am Hut, er als »gelernter« Schwede hingegen sei damit großgeworden.

Matt leuchtet karges Grün im winterlich müden Licht an den fernen Küsten. Der finnische Großeisbrecher SISU bleibt arbeitslos. Er wartet auf schwächere Kunden.

Chief Lennart heizt mächtig ein – zur Abwechslung mit duftenden Fichtennadelaufgüssen in der finnischen Sauna, während nur wenige Zentimeter entfernt bedrohlich Eisschollen gegen die Bordwand donnern. Eine ohrenbetäubende, heiß-kalte Hölle.

Am dritten Tag in aller Frühe: Festmachen nach 76 Stunden in Kemi. Das liegt in Finnisch-Lappland, auf 65 Grad Nord, knapp unterhalb des Polarkreises. An Backbord und Steuerbord glänzen kahlgeschliffene, überpuderte Felsinseln vor der tiefverschneiten Waldkulisse. Rohstoff für die Papierherstellung. In den offenen Lagerhallen türmen sich riesige Rollenstapel und warten auf ihre Verschiffung.

Das bis zu einem Meter dick zugefrorene Schärenmeer, über das Motorscooter und sogar Autos schneestiebend fegen, lockt zum Spaziergang, denn in die Stadt ist es zu weit. Dabei kann man Eisanglern über die Schulter sehen, sich von schnellen Langläufern überholen lassen – und sogar Elche und Rentiere beobachten. Mitten im Hafengebiet!

Papierfabrik in Kemi mit Holzbergen

MS TRANSTIMBER im Eis vor Kemi

Container mit Papier werden verladen

Gegenüber liegt der Eisbrecherveteran SAMPO, die wichtigste Touristenattraktion von Kemi.

»Ein gutes Geschäft«, weiß Motormann Martin Jarlehag, »denn die Besucher sind wie wild darauf.« Den Sommer über arbeitet er auf einem Museums-Dampfer in Stockholm.

Durchs Eis wedeln

Auslaufen bei mittäglich schummrigem Polarlicht. Ohne den 33.000-PS-Eisbrecher KONTIO. Der Kraftmeier, auf Warteposition vor dem Papierhafen Kemi, kennt seine Pappenheimer. »Manchmal«, berichtet Erster Offizier Jörgen nicht ohne Stolz, »bitten die uns sogar um Amtshilfe, wenn sie keine Zeit haben. Da fahren wir dann als Hilfseisbrecher vornweg.«

Stukend arbeitet sich das Schiff Meter für Meter in der eigenen, aber längst wieder geschlossenen Rinne voran. Mit »Voll voraus!« legt sich TRANSTIMBER bebend ins Geschirr. Sie rüttelt und schlägt wie eine schlingernde Straßenbahn in ausgefahrenen Gleisen. Wasser-Eis-Fontänen explodieren unter dem Anprall und werden meterhoch geschleudert. Nicht mehr lange, dann herrscht eisige Stille. Festgefahren in einer engen Fahrwasserkurve. »Mit so einem langen Schiff«, erklärt Kapitän und Ski-Fan Kristian, »kann man nicht einfach durchs Eis wedeln, da gibt's zu viel seitlichen Widerstand.« Spricht's und schiebt den blau-weißen Riesen sanft rückwärts, nimmt Anlauf und dreht das Schiff mit dem Joystick nach Steuerbord. Unter der Vieltausendtonnenwucht reißt die weiße Decke krachend auf und lässt grünschwarzes Wasser aufs Eis sprudeln. Hin und wieder nutzt das eine Robbe zum schnellen Abtauchen.

Waagerecht heransegelnde Schneeflocken und Dunkelheit nehmen vollends die Sicht. Drei Scheinwerfer bohren sich zitternd in die weißgesprenkelte Finsternis und hellen die polare Szenerie auf. Sie sind Wegweiser in der gebrochenen und wieder gefrorenen Rinne. »Bei zu viel Minusgraden backt das wieder zusammen, manchmal ist das schlimmer als vorher«, weiß Kristian Örtendahl aus langjähriger Eiserfahrung. »Dann fordern sogar wir einen Eisbrecher an.«

Knallharte Polar-Romantik

Drei Stunden später. Weithin sichtbar wehen die Dampfschwaden der unersättlichen Papierfabrik – wahre Holzgebirge umzingeln sie, wie man später sieht – westlich von Oulu über den Horizont. Die Nokia-Stadt liegt 55 Seemeilen weiter südöstlich von Kemi. Dort werden Laderäume und offenes Wetterdeck bis auf den letzten Stellplatz vollgestopft. Auch bei heftigem Schneetreiben.

Irgendwann, spätnachts, ist die maximale Zuladungsmenge von 13.000 Tonnen erreicht. Die Stora-Enso-Spezialboxen – jeweils fast 14 Meter lang, 3,6 Meter breit und 4,8 Meter hoch – sind zwar »nur« mit Papier beladen, aber bis zu unglaublichen 90 Tonnen schwer. Im Pendelverkehr stillen die drei TRANS-Schiffe TRANSTIMBER, TRANSPAPER und TRANSPULP damit dreimal wöchentlich einen Teil des weltweiten Papierhungers. »Der nimmt trotz PC nicht etwa ab«, erklärt Kapitän Kristian und zeigt kopfschüttelnd auf die Formularstapel in seinem Büro mit dem Türschild »Pentagon«, »ganz im Gegenteil.« 21 Millionen Tonnen Papier werden allein in Deutschland jährlich verbraucht, die Hälfte davon muss importiert werden.

Noch einmal »Polterabend«. Die rote Signatur der Internet-Karte bedeutet so viel: Unser Fahrtgebiet ist mit bis zu 50 Zentimeter mächtigem Eis bedeckt.

Bis zwei Tage später die Lübecker Bucht den Frachter wieder empfängt, diesmal mit pottendickem Nebel. Auf der Trave trudelt wie bestellt Treibeis entgegen. Zeit, um Abschied zu nehmen von den freundlichen Eisfahrern. »Ice is nice!«, finden wir nach acht Tagen Eisabenteuer und sind um 2.500 erlebnis- und erfahrungsstarke Seemeilen reicher.

Gut zu wissen:

Um ein eisiges Abenteuer zu erleben, muss man nicht unbedingt in die Arktis oder Antarktis reisen. Auch die Ostsee bietet derartige Erlebnisse – sozusagen vor der Haustür.

Für eine Eisfahrt wie die beschriebene – Abweichungen von der Route sind möglich – eignen sich am besten die Monate Januar bis April, je nach Eisverhältnissen. ***Aktuelle Infos*** *(u.a. Eisstärke, Eisbrecher-Positionen, Eisentwicklung)* ***unter: www.baltice.org***

Buchung: *Die sehr empfehlenswerten Eisreisen mit der TRANSTIMBER und ihren beiden Schwesterschiffen können zum Preis von 581 € (Doppelkammer bei Doppelbelegung), 686 € (Doppelkammer bei Einzelbelegung) gebucht werden (zuzgl. pro Pers. 59 € Buchungspauschale, 57 € Deviationsversicherung) bei: Internationale Frachtschiffreise-Agentur Kapitän Peter Zylmann (Inhaber Lutz Woitas), Mühlenstr. 2, 24376 Kappeln/Schlei: Tel. 04642-96550; E-Mail: info@zylmann.de*

Eisbrecher SISU vor der Papierfabrik in Oulu

Eisexkurs

Die systematische Beobachtung der Eisverhältnisse – erstes und letztes Auftreten des Eises, Eisarten und Eisdicke – begann Ende des vorigen Jahrhunderts. Als Eiswinter wird die Zeit zwischen dem ersten und letzten Eisvorkommen eines Winters verstanden, wovon die wenigsten eine zusammenhängende Eisperiode aufweisen.
Charakteristisch für die nördliche Ostsee ist erstes leichtes Eis im Dezember. Im Januar beginnt dann die Haupteisperiode, aber typische Eismonate sind Februar, März, April.
Die Eisbildung ist ein komplizierter Prozess. Bestimmend ist hierbei die Wärmebilanz der Wasseroberfläche, die aus dem dominierenden Einfluss der Lufttemperatur resultiert. Nach etwa vier bis sechs Tagen mit negativem Tagesmittel bildet sich erstes Eis im küstennahen Flachwassergebiet. Wasser über zehn Meter Tiefe mit Strömung friert zuletzt zu.
Überwiegende Eisart ist das Festeis, an der Außenküste Treibeis, Pfannkucheneis (tellergroße Eisstücke mit nach oben gebogenen Rändern wegen der im Seegang ständigen Reibung gegeneinander) und Eisbrei (Neueis).
Bei Eisaufbruch und starken Winden kommt es zu meterhohen Presseisrücken.
Für das Abschmelzen sind fünf bis zehn (nach strengen Wintern 20) Tage mit positiven Temperaturmitteln notwendig.

Eisklasse

Was bedeutet »Eisklasse«?
Die TRANSTIMBER ist mit einer sogenannten Eisklasse ausgerüstet. Darunter versteht man eine Anzahl von schiffbaulichen und maschinenbaulichen Maßnahmen, die es dem Schiff ermöglichen, Eisgebiete zu befahren. Je nach Fahrtgebiet und Schiffstyp gibt es verschiedene Eisklassen. Die TRANSTIMBER hat die höchste finnisch-schwedische Eisklasse für Frachtschiffe, die Klasse »1 A«, die von der Klassifikationsgesellschaft Germanischer Lloyd (GL) verliehen wurde.
Was sind die Kennzeichen einer Eisklasse?
Der Rumpf des Schiffes ist auf seiner ganzen Länge eisverstärkt, und zwar unterschiedlich stark im Bereich des Vorschiffes, des Mittelschiffes und des Hinterschiffes. Die größten Eisverstärkungen befinden sich aus naheliegenden Gründen im Vorschiffsbereich.
Im Bereich des Eisgürtels (50 cm über der Wasserlinie bis zwei Meter unter Wasser) ist die Außenhaut verstärkt, mit Plattenstärken bis zu 16 mm. Zu den oberen Decks hin nimmt die Plattenstärke bis auf 6 mm ab. Weitere Verstärkungen sind im Bereich des Vorstevens (Bug) angebracht: Der Wulstbug ist innen zusätzlich ausgesteift und hat eine Plattenstärke von 22 mm. Direkt über dem Wulstbug besteht der Steven aus einem Stahlgussteil, das zum »Zerschneiden« einer festen Eisdecke im Bereich der Wasserlinie dient. Dort sind die Außenhautplatten 19 mm stark.
Auf ganzer Schiffslänge sind vom Doppelboden bis einschl. Deck 2 (ca. sieben Meter über Kiel) Zusatzspanten in einem Abstand von 35 cm eingebaut (normaler Spantabstand 70 cm). Das gibt dem gesamten Schiffskörper mehr Festigkeit.

Auch bei der Antriebsanlage gibt es zahlreiche Maßnahmen, um die Eistauglichkeit des Schiffes zu gewährleisten: Die erforderliche Antriebsleistung ist vorgeschrieben, Propellerwellen, Getriebe und Ruderanlage sind verstärkt. Der Propeller ist aus Edelstahl (statt Bronze), und die Flügelspitzen sind verstärkt. Das Ruder ist durch einen Eissporn bei Rückwärtsfahrt geschützt. Am Bug des Schiffes sind eine Schleppklüse und starke Poller angeordnet, damit es ggf. von einem Eisbrecher geschleppt werden kann.

Ein eisverstärktes Schiff ist schwerer als ein vergleichbares Schiff ohne Eisklasse und verursacht höhere Baukosten.

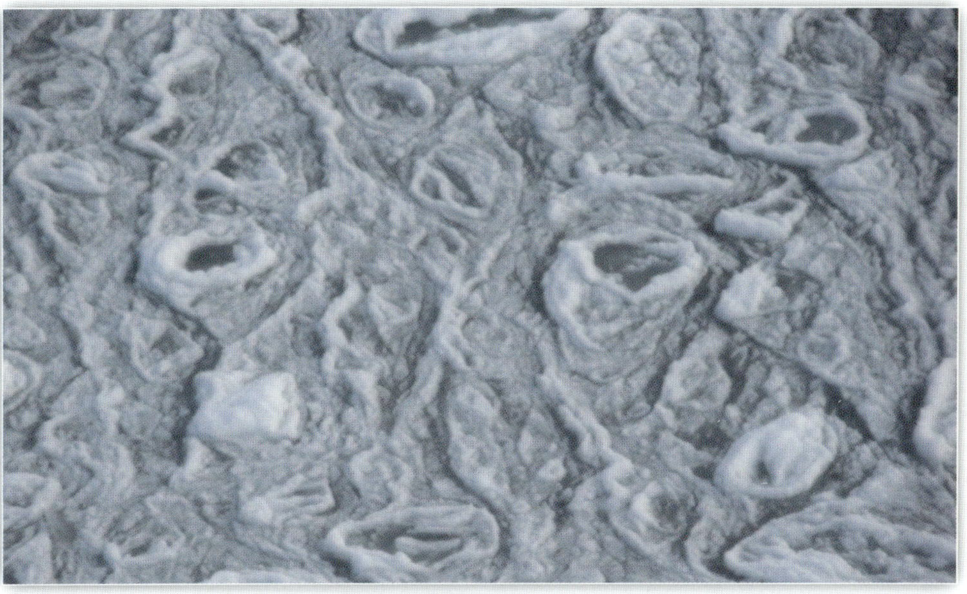

Zehn Jahre Kapitän:
Kristian Örtendahl (40) im Gespräch

PSW: *Wie verlief deine maritime Karriere?*
Kristian: Mit 17 startete ich als Decksjunge, brauchte aber nur sechs Monate praktische Ausbildung, weil ich das Abi in der Tasche hatte.

Als Matrose (AB) fuhr ich bis 1990 und besuchte anschließend bis 1993 die Seefahrtsschule in Göteborg. Seit 1992 fuhr ich als Zweiter, von 1996 bis 2000 als Erster Offizier und erhielt mit 30 mein erstes Kommando als Kapitän. TRANSTIMBER ist jetzt mein sechstes Schiff. Über das habe ich auf der Werft auch erstmals die Bauaufsicht geführt.

PSW: *Erstaunlich früh, oder?*
Kristian: Nicht unbedingt! Meine Reederei TransAtlantic, bei der ich vor 23 Jahren angefangen habe, stellt gern junge Leute ein und gibt ihnen berufliche Chancen und Perspektiven. Wichtig ist vor allem ein gutes Sozialklima. Oder dass zum Beispiel jede Kabine Internetanschluss hat und Satellitentelefonkosten niedrig sind.

PSW: *Ein Schiff muss geführt werden. Welche Qualitäten sind da bei einem Kapitän gefragt?*
Kristian: Obenan steht: Ruhe bewahren in schwierigen Situationen, gefolgt von Kommunikationsfähigkeit. Das wiederum bedeutet vor allem, zuhören zu können. Nautische Kompetenz wird natürlich vorausgesetzt.

PSW: *Spezielle Fähigkeiten zeichnen auch TRANSTIMBER und ihre beiden Schwestern aus.*
Kristian: In erster Linie sind es reine Zweckbauten, sozusagen maßgeschneidert für den Papierkonzern Stora Enso. Der hat die Spezialschiffe langjährig gechartert und konnte daher Bedingungen stellen, von der hohen Eisklasse bis hin zum umweltfreundlichen Antrieb. Um den Laderaum zu optimieren, wurde der Maschinenraum raumsparend ganz nach vorn unter das Deckshaus gelegt. Das Papier wird im Werk in besondere Boxen – die SECU- oder Stora-Enso-Cargo-Box – verladen, die größer sind als normale Container und bis zu 90 Tonnen fassen. Sie sind geeignet für den Bahn- und Schiffstransport.

PSW: *Was ist bei der Eisfahrt vor allen gefragt?*
Kristian: Erfahrung und nochmals Erfahrung! Man muss damit so früh wie möglich anfangen und vom Wissen der älteren Kollegen profitieren.

PSW: *Und die Schiffe?*
Kristian: Brauchen starke Maschinen, einen engen Spantenabstand für gute Eisstabilität, ein besonders geschnittenes Unterwasserschiff und einen Eisgürtel in der Wasserlinie. Da ist der Stahl doppelt so stark: 30 statt 18 Millimeter. Man muss darauf achten, dass der Tiefgang während der Eisfahrt nicht über oder unter dieser verstärkten Zone liegt.

PSW: *Neben dem Leben an Bord führst du ein zweites an Land. Was ist dir da wichtig?*
Kristian: Zuerst kommt die Familie, denn wir haben eine Tochter (5) und einen Sohn (7). Bisher habe ich mich auch um den Hausbau gekümmert. Nun ist es fertig, und ich kann mit der Familie Schwimmen und Skilaufen gehen.
Gefördert durch unsere familienfreundliche Fahrtzeit: vier Wochen an Bord, vier an Land.

PSW: *Danke für das Gespräch und weiterhin gute Fahrt auf der TRANSTIMBER!*

SAIMAA – SEE UND DOCH EIN MEER

Mit CAROLINA durch das »Sibirien Europas«

»Willst du dir das wirklich antun?«, fragt Johannes van Dam, genannt Jan, am Telefon. »Eine Minikabine mit zwei Doppelstockbetten ohne Dusche und WC?«

Und ob ich will! Schließlich möchte ich mir damit schon seit Langem einen Traum erfüllen: einmal noch durch den Saimaa-Kanal und über das Finnische Meer. Alle anderen internationalen Kanäle – sie haben etwas Faszinierendes an sich – liegen längst hinter mir, aber dieser hier durch Karelien ... Eine Rarität. Und hierzulande wenig bekannt.

Animiert haben mich auch das jüngste Buch von Klaus Bednarz, »Das Kreuz des Nordens«, und seine beiden WDR-Filme. Auch er erfüllte sich damit einen Traum, wie er schreibt: »Die Landschaft ist eine der faszinierendsten, die ich bei meinen Reisen an die verschiedenen Enden der Welt kennengelernt habe. Sie besteht fast zur Hälfte aus Wasser, die andere Hälfte ist nahezu vollständig mit Wald bedeckt.« Karelien, das sagenumwobene Grenzland zwischen Finnland und Russland, gehört zu den ältesten Kulturlandschaften. Eine Weltgegend, die der frühere Russland-Korrespondent das »Sibirien Europas« nennt. Bis zum Ende der Sowjetunion war die finnisch-russische Grenze nach der innerdeutschen die am schärfsten bewachte unseres Kontinents. Jetzt wird nur noch die Crewliste an die »Organe«, zwei aus lauter Langeweile kettenrauchende uniformierte Russinnen, in der ersten Kanal-Schleuse Brusnitchnoe hinübergereicht. Die Wachttürme indes sind stehen geblieben.

Crew und Familie beim Mittagstisch auf der Brücke

Verlorener Teil der Ostsee

Das blaue Seen-Mosaik im Südosten des Landes, genauer gesagt West-Karelien, wird offiziell Saimaa genannt. Er ist der viertgrößte See Europas mit knapp 15.000 Kilometern Uferlänge. Das ist so viel wie ein Drittel des Erdumfangs.

Noch vor 6.000 Jahren hobelte ein fast zwei Kilometer dicker Gletscherpanzer den Urgesteinsrücken aus Granit, Gneis und Schiefer glatt. Als das Eis mit beginnender Warmzeit geschmolzen war und sich das Land allmählich hob, blieb ein Gewässerpuzzle zurück. Wie ein Erbstück aus der Eiszeit und verlorener Teil der Ostsee: das »Finnische Meer«.

Infos

Schiffsdaten MS CAROLINA:

Reederei: Van Dam Shipping, Eigner: Jan van Dam; Reedereibestand Juli 2008: 8 Schiffe; Flagge: holländisch; Heimathafen: Spijk; IMO-Nummer: 9382748; Indienststellung: Februar 2008; Bauwerft: Peters, Decin/Elbe/Tschechien, komplettiert im Mutterbetrieb Kampen/Holland; Charterer: Reederei Wagenborg, Delfzijl; Saimaa-Agent: Rui Neves, Lappeenranta (www.saimaaterminals.fi); Schiffstyp: Multipurpose Dry Cargo Carrier; Klassifikation: 100A1 LMC UMS, Heavy Cargo strenghtened; Eisklasse 1 C FS

Technische Daten: Länge: 82,90 m; Breite: 12,50 m; Tiefgang: 4,80 m (max. Sommer: 5,34 m); Höhe (Kielmast): 25,70 m; BRZ: 2.409; tdw: 3.650; TEU: 132; Maschine: Caterpillar 3512 DI-TA 749 kW; Geschwindigkeit (max.): 11,3 kn

Homepage Reederei: www.vandamshipping.com

Buchung ähnlicher Reisen:

Internationale Frachtschiffreisen Kapitän Peter Zylmann; E-Mail: info@zylmann.de

Doch die rund 400 Kilometer lange und 200 Kilometer breite Seenplatte gibt sich nicht als Meer zu erkennen, sondern versteckt sich zwischen Tausenden (genauer gesagt: 13.710) von Inseln. Ein Land der unendlichen Wälder, wilden Flüsse und verträumten Seen.

Jetzt zur Jahresmitte will es nicht dunkel werden. Fahles Licht inszeniert den Film der weißen Nächte. Die Statisten in diesem Labyrinth sind jetzt zu Hauptdarstellern geworden: graue Felsbuckel, mit Birken, Kiefern und Fichten gesprenkelte Inseln. Über dem torfbraunen Wasser ein mystisch-milchiger Schleier. Finnland-Träume werden hier zur Wirklichkeit.

Auf Panamakanal-Niveau

Zu erreichen ist dieser westliche Teil nur über den Saimaa-Kanal. Der hat eine bewegte Geschichte, die vom Mittelalter bis in unsere heutige Zeit reicht. Wenn 2013 der fünfzigjährige Pachtvertrag zwischen Russland und Finnland ausläuft, kann es neue Entwicklungen geben. Bereits jetzt wird verdeckt um die Verlängerung und den Preis dafür gepokert. Der finnische Plan, von Kotka aus einen neuen, modernen Kanal für größere Schiffe zu bauen und ihn auch mit dem ökonomisch bedeutsamen Paijänne-See zu verbinden, ist aus politischer Rücksichtnahme auf Russland ad acta gelegt worden. Und das trotz 80-prozentiger EU-Förderung. In Finnland versteht das kein Mensch.

Die Felswand ist im Saimaa-Kanal ganz nah

Der zur Hälfte über russisches Gebiet führende Kanal wäre vollkommen nutzlos, wenn keine Anbindung an Finnland bestünde. Immerhin werden jährlich über zwei Millionen Tonnen Güter und rund 100.000 Touristen befördert.

Bei Vyborg ist der blau-weiße Frachter am Nachmittag in den russischen Teil des rund 43 Kilometer langen Saimaa-Kanals eingelaufen. »Durch acht Schleusen werden wir in acht Stunden auf Panamakanal-Niveau angehoben, 76 Meter hoch«, erläutert Jan. »Ohne diese Wasserstraße gäbe es hier keine internationale Frachtschifffahrt«, ergänzt der russische Lotse. Wie auch seine finnischen Kollegen kennt er das Labyrinth des »Finnischen Meeres« aus dem Effeff. Es gebe hier zwar Tiefen von über 50 Metern, also geeignet für wesentlich größere Schiffe. Aber der Kanal und seine Schleusen lassen nur maximal 82,50 Meter Länge, 12,60 Meter Breite und 4,35 Meter Tiefgang zu. Die CAROLINA gehört mit ihren Abmessungen zu den dicksten hier zugelassenen Schiffen, von denen die meisten aus Deutschland, Holland und Russland stammen. Im Nord-Ostsee-Kanal hingegen ist sie nur ein Zwerg.

Die Ruhe selbst

Jans Schleusen-Einlaufmanöver sind jedes Mal spannend wie ein Krimi: Passt es oder passt es nicht? Es passt immer! Trotzdem halte ich auf meinem Peildeck-Logenplatz, von

MS CAROLINA füllt die Schleusenkammer voll aus

Farbschleifspuren an der Schleusenwand

dem aus ich fast die Äste der Bäume greifen kann, jedes Mal den Atem an: 35 Zentimeter trennen die Bord- von den Schleusenwänden auf jeder Seite. Das Heck schließt genau mit zwei senkrecht gestrichelten Linien ab. Zum vorderen Tor bleibt noch ein halber Meter Luft. Das ist Steuerpräzision pur. Nur ein Mann hält das Schiff per Springleine fest. Die Kammer kocht, als das Wasser einströmt. Im Fahrstuhltempo hebt oder senkt sich der Schiffskörper. Alles eine Sache von jeweils rund zehn bis fünfzehn Minuten.

Die CAROLINA kommt mit 2.500 Tonnen Nasssalz aus Harlingen im holländischen Teil Frieslands. Den weißen Stoff benötigt die Papierindustrie als Chemikalie. Gelöscht wird die Ladung in Joutsenu, gelegen zwischen Lappeenranta und Imatra. Der Hafen liegt sozusagen gleich rechts um die Ecke vom Kanal. Der weiße Berg auf der Pier wird immer höher, den ein Greifer aufhäufelt.

Gemeinsam mit den sechs Besatzungsmitgliedern wird auf der Brücke gegessen. »Das macht zwar mehr Arbeit, denn alles muss nach oben geschleppt werden, aber stärkt den Zusammenhalt«, ist der sozial eingestellte Kapitän Jan überzeugt.

Finnland auf dem Holzweg

Nach dem Mittag heißt es »Leinen los!«. Über 170 Seemeilen oder rund 17 Stunden hat CAROLINA mitten durch Karelien, sozusagen über Land, bis zu ihrem Zielhafen zu dampfen. Die längste Reise auf dem Saimaa bis nach Silinjärvi dauert gut 20 Stunden und beträgt rund 200 Seemeilen.

»Nach Finnland«, klärt Pasi auf, »wird im Übrigen viel Holz aus Russland transportiert, denn Ladung sucht sich ihren Weg.« Das sei wie Eulen nach Athen tragen. Zwar preiswerter, aber letztlich Raubbau. In Finnland hingegen wachse doppelt so viel nach wie eingeschlagen werde. »Und noch eins: Wir praktizieren hier den Slogan: ›from road to sea‹«, ist Kapitän Jan überzeugt. Wenn man sich vorstellt, dass statt der CAROLINA 100 Lastzüge über die Straßen rollen würden … Und sie ist hier nicht allein: Ein Dutzend schippert hier täglich irgendwo im Kanal und über den See.

An einem Saimaa-Nadelöhr, auf halbem Weg zwischen Imatra und Mikkeli, liegt das idyllische Städtchen Puumala. Noch vor zwei Jahren überragte die gelb gestrichene Holzkirche das Wasser-Wald-Meer. Heute steht das dem gläsernen Fahrstuhl-Restaurant-Turm der zweitlängsten Straßenbrücke Finnlands zu. Unterhalb ihrer Betonstützen ist die nostalgisch-museale WENNO vertäut. Der 1907 gebaute Dampfer mit dem dünnen, langen Schornstein erinnert an Zeiten, als Holz und Versorgungsgüter wegen fehlender Verkehrsinfrastruktur noch per Schiff durchs Land geschaukelt wurden. Für Touristen eine Attraktion, auch die Fahrt mit dem Ausflugsschiff CARELIA durch den Saimaa-Kanal nach Vyborg, dem früher finnischen Vipuri. Der Kanal hat also nicht nur eine immens wichtige wirtschaftliche, sondern auch eine touristische Bedeutung.

Zwei russische Frachter vor einer Schleuse

Holzfloß – zwei Kilometer lang

Puumala indes hat seine Rolle für die Schifffahrt nicht verloren, im Gegenteil. Die finnische Seefahrtsbehörde Merenkulkuhallitus mit Sitz in Helsinki unterhält hier eine Außenstelle: die Lotsenstation, eine von fünf am Saimaa. Rund vier Stunden sitzt oder steht jeder Lotse konzentriert am Ruder, bis er vom nächsten Kollegen auf der Strecke abgelöst wird.

An den Ufern blüht heute eine bedeutende Industrie, die sich auf Forstprodukte und Technik zur Stammernte spezialisiert hat. Holz wird nach wie vor über den See, den günstigsten Transportweg, zu den Sägewerken geflößt. »Finnland steht auf einem Holzbein«, heißt denn auch das geflügelte Wort. 200.000 Quadratkilometer oder 65 Prozent des sechstgrößten Landes Europas werden insgesamt forstwirtschaftlich genutzt. Jedes vierte weltweit verfügbare Stück Papier stammt aus dem Land der 187.888 Seen. Und diese Mengen, ob Bauholz, Zellulose, Karton oder Zeitungspapier, müssen kostengünstig abtransportiert werden. Dafür sind – unvorstellbar! – rund 3.000 Kilometer Saimaa-Schifffahrtsrouten durch Seezeichen für Schiffe mit unterschiedlichen Tiefgängen markiert. Immerhin trägt die Bewirtschaftung des Waldes mit über 30 Prozent zum Außenhandel bei und sichert etwa einem Zehntel der Bevölkerung das Einkommen.

Saimaa wie Sahne

Gegen den Wald am gegenüberliegenden Ufer heben sich weiße rechteckige Tafeln ab. Beleuchtet geben sie auch nachts Peilhilfe und zeigen den Kurs an, also wie lange geradeaus gefahren, wann gedreht werden muss. Plötzlich schiebt sich eine scheinbar undurchdringliche Regenwand dazwischen. »Mit unserem hochmodernen Radar kein Grund zur Panik«, lächelt Kapitän van Dam. Er und die Lotsen verlassen sich jetzt auf die elektronische Seekarte, die die Fahrwasserbegrenzung metergenau anzeigt. CAROLINA dampft unverdrossen weiter bei elf Knoten Höchstfahrt. Ein Schlepper mit seinem zwei Kilometer langen Holzfloß im Anhang steht beinahe auf der Stelle. Ebenso die beiden Mini-Fischtrawler, die mit ihrem Netz Saibling und Maräne einfangen. Süßwasserlachs wird längst massenhaft, aber erschwinglich in Fischfarmen produziert. Dazu hat man kleine Buchten abgeriegelt. Landspitzen, Ufer, Tiefen und Untiefen schuf der Sage nach Ilmatar. Sie gilt, so kann man im finnischen Nationalepos Kalevala nachlesen, als »Tochter der Luft«.

Im Dämmerlicht der nordischen Sommernacht erscheint das Wasser, das unser Steven durchschneidet, dickflüssig wie Sahne. Flamingofarbene Wolkenstreifen spiegeln sich darin. »Neulich habe ich hier sogar eine Saimaa-Ringelrobbe gesehen«, sagt der Lotse, »von denen gibt's vielleicht noch rund 200, leider mit abnehmender Tendenz«. Die Tiere sind »Findelkinder des Saimaa«, wie er sagt, »Überbleibsel der Ostsee.«

Gesangspause im Flaschenhals

»Hier habe ich mich mal ganz miserabel gefühlt«, gesteht Lotse Hult im Anblick der mächtigen Festung Savonlinna mit ihren drei Rundtürmen. »Dieser doppelte Flaschenhals bei der Stadtdurchfahrt und dazu noch dichter Nebel – das war so was wie die Meisterprüfung gleich zu Beginn meiner Laufbahn.« Er zeigt eine Skizze, auf der sich drei Brücken hinter zwei Biegungen staffeln, dazu Pfeile, die eine kräftige Gegenströmung markieren.

Die Pontonbrücke zur Schlossfestung hinüber, in der heute die berühmten sommerlichen Opernfestspiele stattfinden, schwingt wie von Geisterhand zur Seite. Grünes Licht für CAROLINA. Zufällig haben die Sänger auf der Burg gerade Pause. In Smokings und lange Abendgarderoben gewandet, lassen sich die Festspielgäste das Passage-Schauspiel nicht entgehen. Pausentheater eben.

Enge Durchfahrt in Savonlinna

Dann der navigatorisch-dramatische Höhepunkt: eine schier unmögliche Durchfahrt, scheinbar enger und niedriger als das Schiff. Kapitän van Dam hat selbst das Ruder übernommen und bewegt den kleinen Joystick mit zwei Fingern so gekonnt, als wäre er ein Spielzeug. Der bullige Steven schiebt sich unter die niedrige Brücke. Beide Masten, Kompass und Radarantennen sind zum Glück schon rechtzeitig vorher flachgelegt worden. Plötzlich ein Schaben und Knirschen, das offenbar Unvermeidliche ist hörbar: Die Bordwand reibt sich mit dem Holz der seitlichen Abweiser. Wie schon vorher zahlreiche Schiffe. Ihre farbigen Kratzspuren sind wie auch in den Schleusen nicht zu übersehen.

Festung von Olavinlinna

Die Männer zeigen dennoch unaufgeregte Gelassenheit. »Das ist hier normal«, beruhigt Jan lachend, der auf langjährige Binnenschiffererfahrung auf europäischen Flüssen und Kanälen verweisen kann. »Bei uns war das Alltag.«

Der Gewinn aus dieser Flaschenhals-Navigation: 22 Seemeilen Umweg eingespart oder zwei Stunden Fahrtzeit. Und damit früher in die Koje und schneller am Ziel Joensuu, dem 52.000-Einwohner-Zentrum Nordkareliens und der östlichsten Region der Europäischen Union. »Das ist«, erklärt Jan, »der schnellste Hafen am See. Fast 500 Tonnen Zellulose pro Stunde laden die hier.« 2.500 Tonnen für Rouen an der Seine verschwinden im Laderaum. So viel wie in einen schweren Güterzug passen.

Uns bleiben gerade mal vier Stunden Landgang durch die Stadt. Sie liegt sowohl am Pielisjoki-Fluss als auch am Pyhäselkä-See. Besuchenswert: evangelische und orthodoxe Kirchen, verbunden durch eine lange Birkenallee. Im »Carelium« ist das Nordkarelische Museum untergebracht. Passend dazu lokale Volksmusik und -tänze auf dem Marktplatz. Die Zeit ist um. Punkt zwölf Uhr klatschen, wie von Jan prophezeit, die Leinen ins braune Wasser. Von hier aus verbleiben uns noch vier abwechslungsreiche Seh- und See(n)-Tage bis zum Nord-Ostsee-Kanal. Eine zehntägige 2.000-Seemeilen-Traumreise geht dann zu Ende.

Gut zu wissen:

Saimaa-See

Der See liegt im Südosten Finnlands und ist mit 4.370 Quadratkilometern der größte des Landes und der viertgrößte Europas. Seine Küstenlänge misst 14.850 km. 13.710 Inseln liegen im See. Tiefste Stelle: 85 m, Durchschnitt 7 m. Nord-Süd-Erstreckung: rund 400 km

Entstanden durch das Abtauen der Gletscher der Weichseleiszeit vor rund 6.000 Jahren.

Im Süden verhinderte die Salpausselkä-Endmoräne, im Norden die postglaziale Landhebung einen Abfluss des Schmelz- und Regenwassers. Dadurch staute es sich vor rund 5.000 Jahren im Saimaa-Becken. Erst durch den Fluss Vuoksi fand der See einen natürlichen Abfluss zum Ladoga-See, so dass sich der Wasserspiegel senkte und sich die heutige Topografie herauszubilden begann.

Saimaa-Kanal

Geschichte: Erste Grabungen eines Wasserweges begannen schon im 15. (1499) und 16. (1607) Jahrhundert; erneute Arbeiten ab 1845. 1856 wurden sie abgeschlossen und der Kanal (58 Kilometer Länge, 28 Schleusen) eingeweiht; nur speziell gebaute Schiffe wie der SAIMAA TAR STEAMER (noch heute liegt in Puumala das fahrfähige Museumsschiff WENNO) konnten ihn passieren. Verlauf: durch finnisches und russisches (bis 1944 finnisch-karelisch) Gebiet zum Finnischen Meerbusen.

Mit dem zweiten Weltkrieg endeten die 1920 begonnenen Erweiterungsarbeiten, die bis dahin zu 50 Prozent fertiggestellt waren.

Nachdem Finnland ab 1960 die Schleusen repariert und modernisiert sowie den Kanal zu Ende gebaut hatte, baggerte man im See Fahrrinnen aus (insgesamt rund 3.000 Kilometer). 1968 weihte Finnlands damaliger Präsident Urho Kekkonen das System eingeweiht und gab

Fahrt über den Saimaa

es für die Schifffahrt erneut frei. Mit der Sowjetunion wurde ein Pachtvertrag auf zunächst 50 Jahre geschlossen, der den Kanal unter finnische Verwaltung gestellt hat.

Ein Kanalprojekt vom Ostseehafen Kotka zum Paijänne-See und Saimaa würde zwar zu 80 Prozent von der EU gefördert werden, aber findet aus für Fachleute wie Laien nicht nachvollziehbaren Gründen (»Rücksichtnahme auf russische Interessen«) politisch keine Unterstützung in Finnland.

Kanalmaße: Länge: 43 km, davon 19,6 km auf russischer Seite; Höhendifferenz 76 m, wird durch acht Schleusen (Hubhöhen zwischen 5,5 und 12,7 m) überwunden; Schleusenmaße: 85 m lang, 13,20 m breit; Passagezeit: durchschnittlich acht Stunden; 24 Brücken führen über den Kanal.

Schiffbare Wasserstraßen (lotspflichtig ab 25 Meter Länge):
775 km mit bis zu 4,20 m Tiefgang (je nach Wasserstand auch mehr); 1.350 km mit über 2,4 m Tiefgang; 1.200 km mit bis zu 2,4 m Tiefgang. 15 Häfen im Saimaa-Gebiet; mögliche Ladekapazität für Schiffe: bis zu 2.500 Tonnen; Schiffbarkeit: durchschnittlich 211 Tage pro Jahr; etwa von November bis März schließt der Kanal wegen Vereisung; in bestimmten Fällen steht Eisbrecherassistenz zur Verfügung.

Höchstzulässige Schiffsmaße für Schleusenpassage:
82,50 m Länge, 12,60 m Breite, 4,35 m Tiefgang, Höhe: 24,50 m (tiefe Kanäle), sonst zwischen 10 und 12 m; Schiffstyp mit Maximalmaßen: Saimaamax (nach Panmax, Suezmax), Höchstgeschwindigkeit: durchschnittlich 9 km/h

Bedeutung: transportierte Ladungsmenge jährlich: rund 2 Mio. Tonnen (30 Prozent des Außenhandels); zunehmende touristische Bedeutung seit der Wende 1991 durch (für Finnen visumfreie) Fahrgastschifffahrt Finnland-Russland (haupts. Vyborg) und Kanal-Museum an der Schleuse Mustola.

Nach Angaben der finnischen Schifffahrtsverwaltung

ALS »HILFSEISBRECHER« DURCH DIE RIGAER BUCHT

Maritime Solidarität: Meeresnymphe Thetis in ungewöhnlicher Mission

Hamburg im Fieber vor den Bürgerschaftswahlen. Nicht so der Shuttlebus-Fahrer vom Burchardkai. Ihn interessieren andere Dinge mehr: »Sehn Sie mal, drei Blechkisten übereinander – wir boomen wieder!«

Der Mann kurvt seinen Passagier durch die Gassen der Containergebirge im Hafen und freut sich, dass es nach überstandener Flaute wieder reichlich Ladung gibt. Auch für das Container-Feederschiff Thetis. Seine Fracht ist für Riga und Klaipeda bestimmt.

Über Nacht rutscht der gerade mal zwei Jahre junge und sehr gepflegte 17.000-Tonner erst elbab- und dann weseraufwärts. In Bremerhaven muss der Kistenstapel noch mal getoppt werden. Das heißt Landgang. Downtown entweder fünf Kilometer zu Fuß, per Bus oder Taxi. Eine graue Hafenstadt ohne großartige Sehenswürdigkeiten? Danebengetippt! »Meer erleben«, so verspricht die druckfrische Tageszeitung.

Klimahaus und Labskaus

Am Zusammenfluss von Weser und Geeste locken spektakuläre Neubauten und Museen. Zum Beispiel das Klimahaus mit einer »Reise auf dem 8. Längengrad an einem Tag einmal um die Erde«. Zu einem anregenden Streifzug durch die Schifffahrtsgeschichte lädt gleich nebenan das Deutsche Schifffahrtsmuseum mit seinem Museumshafen. Stilecht die Einkehr zur Mittagspause auf einem alten Windjammer: der 1919 gebauten Bark Seute Deern. Dazu passt natürlich nur ein deftiges Labskaus aus der Bordküche. Darf es, wenn die Zeit reicht, nach einem Verdauungsspaziergang auf dem Weserdeich noch etwas Programm sein? Wie wäre es mit dem Deutschen Auswandererhaus oder dem Zoo am Meer?

Der finnische Kapitän Pekka Stenvik und seine zehn Männer können von solchen Ausflügen nur träumen. Der junge Alte hingegen ist froh, wenn er drei Wörter ins Logbuch eintragen kann: »Beginn der Seereise«.

Eisfahrt im Blut

Erst als am nächsten Morgen, nach 16 Stunden angestrengter Wachsamkeit auf der Brücke, der Nord-Ostsee-Kanal hinter ihm liegt, kann sich der 42-Jährige entspannt aufs Ohr legen.

Die Ostsee verhält sich 24 Stunden lang ruhig – bis zu früher Stunde dumpfe Schläge wie von Vorschlaghämmern gegen die Bordwände donnern. An Schlaf ist nicht mehr zu

Eislotse geht vor Riga an Bord.

Infos

Schiffsdaten MS THETIS:
Bauwerft: J. J. Sietas, Hamburg-Neuenfelde1; Baujahr: 2009; Typ: 178 »Baltic Max«, Containerfeeder-Schiff; Klassifizierung: Germanischer Lloyd (GL); IMO-Nr.: 9372274; Eisklasse: E 4/1 A Super, Flagge: Luxemburg; Fahrtgebiet: Nord- und Ostsee
Technische Daten: Länge: 168 m, Breite: 27,5 m, Tiefgang (max.): 9,50 m; tdw: 17.882 t; TEU: 1.421; Höhe: 38 m; Hauptmaschine: 11.200 kW (15.227 PS), MAN B&W; Bugstrahlruder: 900 kW, Heckstrahlruder: 750 kW
Crew: 11
aus dem Taufspruch vom 20.9.2009: »… Dein Anblick erhellt, du Thetis, des Meeres Braut … magst trotzen der rauen Gewalt unverwundet an Bug, in Luv und Lee …«

Eisbrecher VARMA: gebaut: 1968 in Finnland, 1994 an Lettland verkauft; tdw: 4.258 t; Länge: 86 m, Breite: 21,20 m, Tiefgang: 6,99 m; Hauptmaschine: 4.258 PS

denken, denn jetzt beginnt die Eisfahrt. Für mich d a s Highlight der Reise, getreu dem Motto aller skadinavischen Eisbrecher-Seeleute: »Ice is nice!« Kapitän Stenvik sieht das berufsbedingt anders: »Mich nervt's langsam.« Er ist schon seit Stunden wieder auf der Brücke, denn seinen Steuerleuten von den Philippinen und aus der Ukraine fehlt die Erfahrung mit der Eisnavigation. Als Finne habe er das hingegen gewissermaßen im Blut.

Die beiden Scheinwerfer auf dem Peildeck tasten sich, bei jedem Eisaufprall vibrierend, durch die bitterkalte Nacht.

Power braucht dickes Fell

Nach Sonnenaufgang: ringsum eine scheinbar endlose weiße Decke, die gesprenkelt ist mit drei Dutzend dunklen Punkten. »Lauter Frachter!« Kapitän Stenvik setzt das Fernglas ab, schaut auf den Radarschirm und schüttelt den Kopf: »Bis auf uns fährt hier keiner.« Die Rigaer Bucht ist komplett dicht: gedeckelt mit Eis bis zu 40 Zentimetern Stärke. »Ein Durchkommen«, erklärt der Kapitän, »ist nur mit hoher Eisklasse und starken Maschinen möglich.« Seine THETIS – ein Kieler Lotse nannte sie »schönste der Töchter des Meeresgottes Nereus« – ist nicht nur ansehnlich, sondern hat auch Power, und zwar fast 16.000 PS und ein dickes (Stahl-)Fell. Im Eis eingeschlossen sind, so zählt der Kapitän, 35 Schiffe aller Typen und Größen, manche ohne die erforderliche Stärke und hoch aufragend in Ballast, Schraube und Ruderanlage längst tiefgefroren und unbeweglich.

Pekka Stenvik kann diesen navigatorischen Leichtsinn seiner Kollegen nicht nachvollziehen. Offenbar sei es ihnen und dem Charterer egal, wenn hier überflüssigerweise hohe Kosten entstehen. Aber das ist nicht der einzige Grund ihrer Gefangenschaft.

Eisbrecher-Kapitulation

Dann bewegt sich doch etwas. VARMA ist in großen weißen Lettern auf seine schwarzen Flanken gemalt. Der einzige lettische Eisbrecher, ein aus Finnland angekaufter Veteran, kurvt krachend und knirschend zwischen ein paar Frachtern hindurch. Aber er ist viel zu schwach auf der Brust. THETIS glänzt mit fast vierfacher Stärke und rauscht hoch erhobenen Hauptes mit elf Knoten an dem Eis-Profi vorbei. Der gibt bald auf, kehrt wieder an seinen Liegeplatz nahe der Daugava-Mündung zurück und überlässt die festgefrorenen Schiffe ihrem ungewissen Schicksal. »Kein Sprit mehr«, kommentiert das der Lotse knapp, und Pekka Stenvik meint nur: »Unglaublich!«

THETIS muss sich ihren Rigaer Liegeplatz, der von Eis blockiert ist, regelrecht erkämpfen. Doch der Kapitän hat einen Joker in der Hinterhand. Mit dem Bugstrahlruder spült er sein Schiff, inzwischen im spitzen Winkel vorn festgemacht, allmählich frei. Achtern assistiert ein bulliger Schlepper und drückt mit seiner vereisten Nase gegen die Bordwand.

Romantik ohne Rummel

Der Reederei-Agent fährt mich abends hinein nach Riga. Ein Kapitäns-Arrangement. Trotz -18 Grad und hohem Schnee erkunde ich die von Hanse und Jugendstil geprägte komplett restaurierte sehenswerte Altstadt. »Absolut romantisch«, findet der Frachterpassagier die winterliche Szenerie, »auch dass um diese Jahreszeit kein Touristenrummel herrscht.« Gleiches gilt auch für den nächsten Hafen, Klaipeda, das frühere Memel. Den kilometerlangen Strand der Kurischen Nehrung samt Altstadt mit Ännchen-von-Tharau-Brunnen habe ich für mich allein. Einen ganzen Tag lang.

Im tiefen Gewölbekeller der authentischen Mittelaltergaststätte »Rozengrals« im Zentrum Rigas wärme ich mich bei Kerzenschein auf und probiere auch schon mal das dunkel-süffige lokale Bier. Mit einem »Baltic«-Taxi, das, empfiehlt der Agent, einen fairen Preis garantiert, geht es zurück – allerdings nur bis zum Hafentor. Ob der Wächter Schmiergeld zum Öffnen der Schranke braucht? Eine Stunde nächtlicher Fußmarsch bei knackigem -22-Grad Frost bleiben einem nicht erspart. Vorbei an einem Zaunlabyrinth, durch Birkenwald und über Transsib-Schienen mit kreischenden Waggon-Schlangen. Sibirien lässt grüßen!

Die Nacht gehört dem Laden und Löschen. In der gemütlichen Passagiersuite mit achterlichem Blick auf den eisschollengespickten Fluss hört man nichts davon.

Eis-Dramatik mit Solidarität

Am nächsten Vormittag, zur Coffee-time um zehn Uhr, steige ich nach oben auf die Brücke. Kapitän und Lotse besprechen gerade das Auslaufmanöver. Die Maschine bullert schon eine Weile. Über Sprechfunk gibt Pekka Anweisungen, die von Erstem und Zweitem Offizier schnarrend quittiert werden. Die Leinen klatschen auf das Trümmereis, schwerfällig löst sich der Frachter von der Pier, dreht im Strom und nimmt Kurs auf die Rigaer Bucht.

Kapitän nimmt zu einem Eislieger Kontakt auf.

VARMA döst nach wie vor bewegungslos an der Pier der Lotsenstation. Das lässt THETIS als »Tochter des Meeresgottes« kalt. Nicht jedoch die internationalen Hilferufe, die sie bald erreichen. Ob man dieses oder jenes an der Kurslinie befindliche Schiff nicht befreien könne? »Klar doch, machen wir«, gibt ihnen Pekka Stenvik zu verstehen, »ist doch selbstverständlich!« Mit anderen Worten: maritime Solidarität. Die beiden vorbeirauschenden Schlepper MARSS I und DIMITRIS hingegen juckt das nicht im Geringsten. Die halten stur ihren Kurs auf Riga.

Stenvik nimmt den ersten Frachter aufs Korn. Die SANDY RICKMERS aus Hamburg, etwa gleich groß wie THETIS, klemmt genau voraus in der gefrorenen Rinne fest. Über Sprechfunk verständigt man sich. THETIS hält unbeirrt auf den Kollegen zu. Doch der bekommt es plötzlich mit der Angst zu tun, die er auch noch in den Äther posaunt: »Wann wollen Sie endlich die Fahrt reduzieren und abdrehen?« Stenvik beruhigt ihn und erklärt, dass er so dicht wie möglich mit full speed heranfahren müsse: »Nur dann können wir euch hier rausholen. Starten Sie schon mal die Maschine und geben Sie voll voraus!«

Sieben harte Brücken-Stunden

Steven zeigt auf Steven – bis Stenvik nach Backbord dreht. Was auf den ersten Blick beängstigend knapp wirkt, ist hier absolut notwendig. Und siehe da: SANDY bewegt sich. Im Millimetertempo schiebt sich der Feeder schwarz qualmend in unsere frisch gebrochene Rinne. Das Manöver gelingt auch mit den Tankern EKFJORD und SATURNUS. Selbst die kleinen Küstenfrachter DALARNA und VITA können sich dank Hilfseisbrecher THETIS geschickt befreien. Dankbar winken die Besatzungen aller Schiffe herüber, und Kapitän Pekka Stenvik freut sich. Selbst nach sieben Stunden harter Manöverfahrt bleibt er gelassen und freundlich, meint aber, dass so etwas vor Finnland nicht passiert wäre: »Alle Eisbrecher sind dort ständig im Einsatz und helfen, wo es geht.«

Auf einigen Schiffen jedoch werden die Maschinen zu spät gestartet, sodass sie vorerst zum Bleiben verurteilt sind. Resigniert meint ein festsitzender Kapitänskollege über Funk, dass er nun wohl bis zum Frühjahr warten müsse. Pekka Stenvik kann ihn beruhigen: »In 14 Tagen sind wir wieder hier!« Fazit: »Der schönste Tag der Reise!«

Gut zu wissen:

Fahrtgebiet: *Nord- und Ostsee*
Fahrtstrecke: *ca. 2.000 Seemeilen in acht Tagen*
Buchung, Infos: *Reederei Drevin: www.reederei-drevin.de*

DIE HÄUFIGSTEN NAUTISCHEN FRAGEN

»Es gibt keine dummen Fragen – höchstens dumme Antworten«
(Unbekannt)

Wie misst man die Wellenhöhe?

Die Wellenhöhe kann nur auf wenigen Spezialschiffen gemessen werden. Die Angaben über die Höhe von Windsee und Dünung auf Kreuzfahrtschiffen oder Frachtschiffen sind Schätzungen der Nautiker, die Genauigkeit hängt im Wesentlichen von der Erfahrung und vom Augenmaß ab.

Was bedeutet der schwarze Ball am Vormast?

Es handelt sich um den *Ankerball*, einen Signalkörper von 60 cm Durchmesser. Dieser *Ankerball* zeigt an, dass das Schiff am Anker liegt und folglich anderen Fahrzeugen nicht ausweichen kann.

Kann man mit dem Echolot nach vorne »sehen«?

Die herkömmlichen Echolote bestehen aus einem Sender/Empfänger unter dem Bug des Schiffes. Die Abstrahlung der elektromagnetischen Wellen geschieht nahezu senkrecht Richtung Meeresboden, sodass nur die Wassertiefe *unter* dem Schiff dargestellt wird.

Woher kennt man die Ausdehnung eines Eisberges unter Wasser?

Die Geometrie von Eisbergen folgt bestimmten Regeln; so hat auch ein Tafeleisberg unter Wasser senkrechte Flanken. Unregelmäßig geformte Eisberge folgen unter Wasser weitgehend ihrer Überwasserform. Außerdem sind helle Verfärbungen des Wassers Anzeichen für »Nasen«, die unter Wasser einen Eisberg vergrößern. Der Sicherheitsabstand beim Passieren von Eisbergen ist meistens größer, als es den Anschein hat. Die Distanzen werden oft unterschätzt.

Wer »steuert« das Schiff, wenn der Kapitän auf einer Cocktailparty ist?

Drei Wachoffiziere lösen sich im Vier-Stunden-Rhythmus ab; während ihrer Wache sind sie für die sichere Schiffsführung voll verantwortlich. Der Kapitän übernimmt normalerweise nur in besonderen Fällen (Ein- und Auslaufen, schwierige Manöver) das Kommando auf der Brücke. Wenn der Kapitän gesellschaftliche Verpflichtungen wahrnimmt, herrscht auf der Brücke also »Routine«. Der Kapitän kann sich bei Verhinderung auch durch den Leitenden Offizier vertreten lassen.

Wie weit ist der Horizont entfernt?

Die Entfernung des Horizontes ist abhängig von der *Augeshöhe* (d.h. der Höhe über dem Wasser) des Betrachters. Bei einer Augeshöhe von, beispielsweise, zwölf Metern ist der Horizont 7.3 Seemeilen entfernt, bei einer Augeshöhe von zwanzig Metern 9.4 Seemeilen.

Was ist eine Seemeile?

Eine *Seemeile* ist der 60. Teil eines *Breitengrades* (oder der 21.600. Teil des Erdumfanges) und entspricht 1.852 Meter. Die *Seemeile* ist unterteilt in zehn *Kabellängen* zu je 185 m.

Wie wirken die Stabilisatoren?

Die Stabilisatoren bestehen aus einem Paar unter Wasser seitlich am Schiffsrumpf angeordneter »Flossen« von ca. fünf Metern Länge. Bei *Rollbewegungen* des Schiffes wird der Anstellwinkel der Flossen elektrohydraulisch verändert, sodass auf der eintauchenden Seite des Schiffes zusätzliche Auftriebskräfte entstehen und die Rollbewegung sehr wirksam gedämpft wird.

Wie lang ist die Ankerkette?

Die Ankerkette ist üblicherweise ca. 300 Meter lang. Sie ist unterteilt in zehn *Schäkel* zu je etwa 30 Meter. Damit kann in Wassertiefen bis ca. 100 Meter geankert werden, da die ausgesteckte Ankerkette etwa der dreifachen Wassertiefe entsprechen soll.

Was bedeuten die goldenen Ärmelstreifen der Nautischen Offiziere?

- Ein Streifen: Er kann lesen
- Zwei Streifen: Er kann lesen und schreiben
- Drei Streifen: Er kann lesen, schreiben und rechnen
- Vier Streifen: Er kann das alles nicht – kennt aber jemanden, der lesen, schreiben und rechnen kann!

Wie lang ist die Stoppstrecke der HANSEATIC?

Der »Bremsweg« bei einem Manöver von »voll voraus« auf »voll zurück« beträgt etwa 2.9 Kabellängen (537 Meter). Wesentlich kleiner ist jedoch der Drehkreis mit Hartruderlage, der lediglich 1.7 Kabellängen (315 Meter) beansprucht und daher das günstigere Manöver im Notfall darstellt.

Gibt es noch einen Sextanten an Bord?

Auch wenn die Ortsbestimmung heutzutage mithilfe elektronischer Systeme (GPS, Radar) durchgeführt wird, sind für Notfälle, z.B. durch kompletten Stromausfall, immer noch Sextant, Magnetkompass und nautische Tafelwerke an Bord. Die Nautiker sind im Umgang damit ausgebildet.

Gibt es weibliche Kapitäne?

Auch Frauen stehen heutzutage auf der Brücke von Seeschiffen als Wachoffiziere und Kapitän, ihr Anteil ist jedoch sehr gering. Die korrekte Anrede wäre übrigens »Frau Kapitän«.

Kann das Schiff umkippen, wenn alle Passagiere auf einer Seite zusammenlaufen?

Alle Personen an Bord, Passagiere und Crew, bringen samt Gepäck »nur« ein Gewicht von ca. 40 Tonnen auf die Waage, was nur ein kleiner Teil der Gesamttragfähigkeit des

Schiffes von 1.100 Tonnen ist. Alle Passagiere auf einer Schiffsseite versammelt würden lediglich eine Krängung von einem Grad verursachen!

Wie hoch sind die Hafenkosten für ein Schiff?

Diese Frage ist nur schwer zu beantworten, weil sich die Kosten von Hafen zu Hafen beträchtlich unterscheiden; große und bekannte Häfen sind oft auch sehr teuer. Die Hafenkosten setzen sich zusammen aus: Liegegebühren, Kosten für Schlepper, Festmacher, Lotsen, Frischwasser, behördliche Abfertigung und den Diensten der örtlichen Agentur. Die Größenordnung beträgt stets mehrere tausend bis -zigtausend Euro.

Woher kommt das Trinkwasser an Bord?

Der Trinkwasserverbrauch der HANSEATIC beträgt etwa 100 Tonnen pro Tag, auf einer zweiwöchigen Reise also etwa 1.400 Tonnen. Die Tanks des Schiffes fassen jedoch nur einen Dreitagesvorrat, sodass während der Reise ständig Frischwasser aus Seewasser produziert wird. Dafür stehen ein Verdampfer und eine Osmoseanlage zur Verfügung. Das erzeugte Wasser ist erstklassig und hat Trinkwasserqualität.

Darf ein Kapitän Trauungen vornehmen?

Die HANSEATIC unterliegt dem Recht des Flaggenstaates, der Republik Bahamas. Trauungen an Bord eines bahamaischen Schiffes werden von den Standesämtern in Deutschland jedoch nicht anerkannt. Sollten Brautpaare es wünschen, wird dennoch eine kleine (allerdings unverbindliche) Hochzeitszeremonie an Bord durch den Kapitän durchgeführt.

Haben Sie, Herr Kapitän, schon einmal einen richtigen Sturm erlebt?

Stürme gehören zur beruflichen Routine eines jeden Seemannes. Je nach Fahrtgebiet des Schiffes und Jahreszeit treten Stürme mehr oder weniger häufig auf. Sie bedeuten, abgesehen von lästiger Schaukelei, normalerweise keinerlei Gefahr für Schiff, Passagiere und Besatzung. Schiffe sind selbst für größte Belastungen durch Wind und Seegang ausgelegt. Orkane mit mehr als zehn Windstärken und Wellenhöhen von mehr als zehn Metern sind jedoch sehr selten.

Welche Bedeutung haben die Flaggen des Schiffes?

Früher dienten die Flaggen zur Übermittlung von Informationen, im Zeitalter des Sprechfunks werden sie weitgehend aus Tradition und Höflichkeit gesetzt. Man unterscheidet Heimatlandflagge (auf der HANSEATIC Bahamas), Gastlandflaggen, Reedereiflaggen, Chartererflaggen und Signalflaggen. Die Flaggen werden am vorderen Signalmast (Gaffel) oder achtern (am Stock) gesetzt, jedoch nur im Hafen oder in Küstennähe.

Stimmt es, dass Seeleute in jedem Hafen eine Braut haben?

Das trifft nicht zu, denn wir laufen ja gar nicht jeden Hafen an …

Warum trifft man auf offener See so wenig andere Schiffe?

Natürlich sind zu jedem beliebigen Zeitpunkt Tausende von Schiffen auf den Weltmeeren unterwegs. An den »Engstellen« der Weltschifffahrt, z.B. dem Ärmelkanal, der

Straße von Gibraltar oder der Malakka-Straße kann man stets auch sehr viele Schiffe sehen. Darüber hinaus »fächern« sich die Kurse der Schiffe aufgrund unterschiedlicher Ziele jedoch auf, sobald sie die Küstengewässer verlassen haben. Und bereits bei einem Abstand von ca. 15 sm zwischen den Schiffen sind diese optisch nicht mehr wahrzunehmen.

Kann man auf dem Radar auch Wale sehen?

Theoretisch ja – praktisch nein. Das Radar bildet Ziele über der Wasserlinie als Punkte auf dem Radarschirm ab. Bei guten Bedingungen werden selbst kleinere Objekte, z.B. schwimmende Fässer, vom Radar erfasst und dargestellt. Da ein Wal jedoch jeweils nur für einige Sekunden auftaucht und die Radarstrahlen reflektiert, wird auch sein »Echo« auf dem Bildschirm immer nur sehr kurz zu sehen sein. Man müsste also genau im richtigen Moment den Radarmonitor beobachten, um den Wal zu sehen.

Mit welchen Methoden wird das Schiff heutzutage navigiert?

Auf hoher See wird die Schiffsposition zuverlässig und genau durch Satellitennavigation mit GPS (*Global Positioning System)* festgestellt. In Küstennähe (bis ca. 20 sm) kommt hauptsächlich das Radar zum Einsatz.

Optische Peilungen mit dem Peilkompass werden gelegentlich zusätzlich eingesetzt. Elektronische Hyperbel-Navigationsverfahren *(Decca, Omega, Loran)* spielen hingegen heute keine Rolle mehr. Die astronomische Navigation (Beobachtung von Gestirnen mit dem *Sextanten*) ist heute ein Navigationsverfahren für den Notfall und wird wegen hoher Ungenauigkeit nicht mehr regelmäßig angewendet.

Was bedeuten die Abkürzungen vor dem Schiffsnamen, z.B. »MS«?

Zur Unterscheidung der Schiffe hinsichtlich ihrer Antriebsart werden Abkürzungen verwandt, die dem Schiffsnamen vorangestellt werden. So steht beispielsweise »MS« oder »MV« für *Motorschiff.* TS – Turbinenschiff, NS – Nuklearschiff (durch Atomreaktor angetriebenes Schiff, sehr selten), GTS – Gasturbinenschiff, SY – Segelyacht, MY – Motoryacht, HMS – »Her Majesty's Ship« (Kriegsschiff einer Monarchie).

Gibt es noch einen Funker an Bord?

Der Beruf des Funkoffiziers existiert nicht mehr. Das 1995 eingeführte GMDSS *(Global Maritime Distress and Safety System)* besteht aus modernen, automatisierten Komponenten, die auch von Laien bedient werden können. Man unterscheidet Satellitenkommunikation (für Fax, Telefon und E-Mail) sowie Hochfrequenzfunk (Sprechfunk und Telex). Der *Morse-Code* wird heute in der Seefahrt nicht mehr angewendet.

Wie werden Schiffszusammenstöße auf See verhindert?

Ähnlich wie im Straßenverkehr gibt es »Vorfahrtsregeln« *(Rules of the Road),* die die Ausweichpflicht der Schiffe untereinander festlegen. So ist z.B. ein Motorfahrzeug einem Segler gegenüber ausweichpflichtig, und auch auf See gilt generell: Rechts hat Vorfahrt.

Wer regelt den Verkehr auf hoher See?

Anders als im Luftverkehr ist der Seeverkehr nicht durchgehend geregelt und überwacht. Außerhalb festgelegter *Verkehrstrennungsgebiete* (mit »Einbahnverkehr«) in den Küstenzonen wird der Kurs des Schiffes bei der nautischen Reiseplanung durch den Kapitän bestimmt. Von diesem Kurs darf auch jederzeit abgewichen werden, sofern die Schiffssicherheit es erlaubt.

Was versteht man unter Dünung?

Dünung ist die Bewegung einer Meeresoberfläche, die nicht durch den aktuellen Wind hervorgerufen wird. Auf den Ozeanen kommt das Meer zwischen zwei Stürmen nie ganz zur Ruhe und die durch Wind erzeugten Wellen setzen sich als Dünung fort, oft über einen langen Zeitraum und eine große Distanz.

Gibt es ein zuverlässiges Mittel gegen Seekrankheit?

Das beste und garantiert erfolgreichste Mittel gegen Seekrankheit ist und bleibt ... ein Waldspaziergang!

Spaß beiseite: Angst vor Seekrankheit und hohen Wellen braucht der Seereisende kaum noch zu haben. Viele Schiffe, auch manche größeren Frachter, sind mit Stabilisatoren ausgerüstet, die bei Seegang eine ruhigere Fahrt ermöglichen.

Wer ganz sichergehen möchte, kann sich ein Medikament verschreiben lassen. Ich habe – für alle Fälle, da muss sich niemand schämen – Peremesin N oder Cinnarizin AL 25 dabei. Beides wirkt, vor allem ohne lästige Nebeneffekte.

Was ist ein Lotse?

Der Lotse ist ein revierkundiger Berater der Schiffsführung. Er wird durch die nationalen Behörden zugelassen (bestallt). Meistens ist der Lotse auch Inhaber des höchsten nautischen Patentes und selbst mehrere Jahre als Kapitän gefahren.

Was sind die Aufgaben eines Lotsen?

Der Lotse gehört zum Brückenteam, das aus Kapitän, Wachoffizier und Rudergänger besteht. Er hat genaue Kenntnis über den Verlauf des Fahrwassers, die ausgelegten Tonnen, die lokalen Schifffahrtsvorschriften und die Besonderheiten von Strömungen und Wetter.

Der Lotse hält Sprechfunkkontakt mit den Verkehrszentralen, Schleppern und Festmachern. Außerdem hat er einen genauen Überblick über die Verkehrssituation auf dem Revier. Er gibt Hinweise für die zu steuernden Kurse und Geschwindigkeiten. Meistens gibt er seine Kursanweisungen direkt an den Rudergänger weiter, und der Wachoffizier stellt die Geschwindigkeit am Maschinentelegrafen ein.

Was ist ein Lotsrevier?

Das *Revier* ist die Wasserstraße, für die ein Lotse ausgebildet und zuständig ist. Es kann sich um einen Hafen, einen Kanal oder einen Fluss handeln. Bei längeren Revieren sind verschiedene Lotsen zuständig, die unterwegs ausgewechselt werden.

Muss das Schiff einen Lotsen nehmen?

Nur in wenigen Fällen ist der Kapitän frei in der Entscheidung, ob er einen Lotsen anfordert oder nicht. Auf den meisten Revieren auf der ganzen Welt ist die Annahme eines Lotsen verbindlich vorgeschrieben *(Lotsenannahmepflicht)*, allerdings abhängig von der Schiffsgröße und vom Schiffstyp.

Übernimmt der Lotse das Kommando?

Nein, das Kommando und damit die Verantwortung für die sichere Schiffsführung verbleiben grundsätzlich beim Kapitän des Schiffes oder beim Wachoffizier. Einzige Ausnahme auf der ganzen Welt ist der Panamakanal, wo der Lotse das Kommando und die Verantwortung für seine Manöver übernimmt. Im Übrigen kann ein Lotse nur dann für Konsequenzen aus seinem Verhalten haftbar gemacht werden, wenn er grob fahrlässig oder vorsätzlich gehandelt hat.

Ist ein Lotse wirklich immer erforderlich?

Die Vorschriften nehmen selten Rücksicht auf die tatsächliche Schwierigkeit eines Reviers. Der Kapitän und seine Offiziere könnten manche Reviere auch ohne die Hilfe eines Lotsen befahren, vor allem, wenn sie selbst Erfahrung durch das regelmäßige Anlaufen eines Hafens gesammelt haben. Auf langen und schwierigen Revieren (z.B. dem Amazonas) geht es allerdings kaum ohne die Beratung durch einen ortskundigen Lotsen.

Wie kommt der Lotse an Bord?

Der Lotse wird auf einer in der Seekarte eingetragenen Position von einem *Lotsenversetzboot* an Bord des zu lotsenden Schiffes gebracht. In einigen Fällen (z.B. Elbmündung) halten sich die diensttuenden Lotsen auf einem stationären Lotsenschiff auf und werden mit kleineren Booten versetzt. Heutzutage werden Lotsen zunehmend auch mit Hubschraubern an Bord gebracht und dort mithilfe einer Seilwinde an Deck abgesetzt.

Wer bestellt den Lotsen für ein Schiff?

Die Bestellung der Lotsen erfolgt durch den örtlichen Agenten der Reederei, der zuvor vom Kapitän des Schiffes eine Mitteilung über die geplante Ankunftszeit (ETA) erhalten hat. Etwa eine Stunde vor Ankunft wird vom Schiff über Sprechfunk der Kontakt mit dem Lotsenboot hergestellt um die genaue Übernahmeposition und -zeit zu vereinbaren. *In diesem Sinne: »Navigation ist, wenn man trotzdem ankommt« (Seemannsweisheit).*

Hanseatic-Kapitän Thilo Natke gibt Antworten.

GLOSSAR MARITIMER FACHBEGRIFFE

An Bord fällt hin und wieder der eine oder andere Fachbegriff. Hier ein paar Erklärungen zum besseren Verständnis.

Achtern:	hinten
Ankerspill:	Winde auf dem Vorschiff (der Back) zum Herablassen und Aufholen des Ankers
Auf den Haken nehmen:	ein anderes Schiff abschleppen
Außenbords:	außerhalb des Schiffes (im Wasser)
Back:	Deck des Vorschiffs
Backbord:	linke Seite eines Schiffes in Fahrtrichtung gesehen (nachts: rote Lampe)
Bilge:	Raum im untersten Teil eines Schiffes, wo sich Wasser und Öl sammeln
Brücke:	Kurzform für Kommandobrücke
Brückennock:	äußerstes seitliches Ende der Brücke (Backbord-, Steuerbordnock)
Bunkern:	Übernahme von Treibstoff oder Wasser
Davit:	Bootshalterung von Rettungsbooten an Deck (bei normalen Rettungsbooten sind es zwei Davits)
Fieren:	etwas herablassen oder das Nachgeben einer Leine
Flaute:	Windstille
Fluten:	voll Wasser laufen lassen
Heck:	hinterer Teil eines Schiffes
Hieven:	hochziehen
Kiellinie:	genaues Hintereinanderfahren mehrerer Schiffe
Klüse:	seitliche runde Öffnung in der Bordwand, durch die Festmacherleinen geführt werden
Kimm:	Horizont
Krängung: *(mit »g« in der Mitte)*	seitliche Neigung eines Schiffes
Laschen:	etwas see- und verrutschungsfest sichern
Lee, Leeseite:	dem Wind abgewandte Seite
Lenzen:	etwas leeren (von »lenz«: leer)
Lotsenleiter:	Seeleiter zum Anbordkommen des Lotsen
Lukensüll:	Rand einer Ladeluke
Luv, Luvseite:	dem Wind zugewandte Seite
MS:	Abkürzung für Motorschiff (es heißt: das MS SANTA STAVANGER, die HANSA STAVANGER, MS HANSA STAVANGER – aber niemals die MS HANSA STAVANGER, denn MS ist kein Namensbestandteil wie oft fälschlich angenommen)
Nautik:	Wissenschaft von der Schiffsführung

Peilen: Richtung bestimmen oder den Füllstand eines Behälters feststellen

Pier: **die** Pier, Anlegestelle

Poller: zylindrischer Einfach- oder Doppelpfosten aus Eisen zum Festmachen von Trossen

Reling: Brustwehr, die wie ein Zaun um das Schiff verläuft

Rollen: die seitliche Bewegung eines Schiffes um die Längsachse

Schäkel: eiserner U-förmiger Bügel mit Gewindebolzen zum Verbinden von Leinen und Ketten

Schanzkleid: feste Bordwandverlängerung um ein freies Deck

Schlingern: wenn sich ein Schiff sowohl um die Längs-, als auch um die Querachse bewegt

Schott: wasserdichte Trennwand in einem Schiff

Spant: Querversteifung, hält die Außenhaut eines Schiffes zusammen

Spill: Winde zum Hieven von Leinen

Stampfen: Schiffsbewegung in der Horizontalen, wenn sich also das Schiff in der Längsrichtung auf und nieder bewegt

Steuerbord: rechte Seite des Schiffes in Fahrtrichtung gesehen (nachts: grüne Lampe)

Steven: die Linie, in der die Bordwände achtern und vorn zusammenkommen

Trimmen: das Schiff durch Umpumpen von Ballastwasser oder Gewichtverteilung (Ladung) in eine gewünschte Lage bringen

Törnen: etwas drehen

Trosse: starkes Tau

Typhon: mit Druckluft betriebenes Schallsignalgerät

Verholen: Bewegen des Schiffes von einem Liegeplatz zum anderen

Vorpiek: Raum im Vorschiff

Wahrschauen: jemanden warnen

Zwei Filme zum Buch – eine DVD-Empfehlung

Kameramann Christoph Mann und ich haben über eine zehntägige Rundreise an Bord eines deutschen Containerfrachters gedreht: von Hamburg via Nord-Ostsee-Kanal nach Danzig, Sankt Petersburg und zurück. Der Film ist rund 30 Minuten lang und schildert anschaulich das Leben von Crew und Passagieren an Bord.
Auch über eine Winterreise mit einem finnischen Spezialfrachter von Hamburg via Nord-Ostsee-Kanal in die nördliche Ostsee nach Tornio und zurück haben wir einen 30-Minuten-Film produziert. Er informiert über die spannende Eisfahrt mit und ohne Eisbrecher-Unterstützung. Auch das Leben von Crew und Passagagieren kommt dabei nicht zu kurz.
Bestellt werden können die DVDs bei Dr. Peer Schmidt-Walther unter: peermaritim@googlemail.com (gegen Vorkasse; Preis pro Stück: 15 Euro, Verpackung und Porto inklusive).

Dr. Peer Schmidt-Walther

Geboren wurde er 1944 im Wartheland und wuchs nach der Flucht in Eckernförde und Neumünster auf. Seit seinem 16. Lebensjahr fuhr er in den Sommerferien zur See, ging nach dem Abitur erst zur Handelsschifffahrt (mit Abschluss Matrosenbrief) und anschließend zur Marine, weil er unbedingt auf der GORCH FOCK (II) fahren wollte. Viele Wehrübungen leistete der Kapitänleutnant der Reserve als Presseoffizier ab.

Sein Geografie-, Germanistik- und Pädagogikstudium in Berlin verdiente er sich als Fernfahrer auf europäischen und australischen Pisten sowie als Bootsmann und Schiffsführer bei der Stern- und Kreisschifffahrt. Es blieb auch noch Zeit für ein schwieriges Ehrenamt. Zehn Jahre arbeitete er als Vollzugs- und Bewährungshelfer in Europas größter Strafanstalt Berlin-Tegel.

Nach einem Zwischenspiel als Gymnasiallehrer und Internatserzieher (später auch Fachschuldirektor in Neubrandenburg) volontierte er bei einem großen Verlag und leitete anschließend als verantwortlicher Redakteur eine geografische Fachzeitschrift.

1991 promovierte er nach zahlreichen Reisen, u.a. auf Forschungsschiffen (z.B. FS POLARSTERN und FS METEOR) und Eisbrechern (mit Nordpol-Expedition), zum Dr. rer. nat. an der Universität Greifswald bei Prof. Dr. Hans-Dietrich Birr über die Küsten der russischen Arktis.

Schließlich entdeckte der passionierte Kajakfahrer seine primäre journalistische Neigung: die Schifffahrt, der er bis heute treu geblieben ist. Über seine zahlreichen weltweiten Seereisen auf Frachtern, Großseglern und Hochsee- und Flusskreuzfahrtschiffen berichtet er in Text und Bild als freier Journalist (sowie viele Jahre als Chefredakteur, Chefreporter, Ressortleiter) für Reise- und Special-Interest-Magazine sowie Tages-, Wochen- und Fachzeitschriften, verfasst Bücher darüber und dreht mit einem Kameramann Filme über maritime Themen. Immer im Mittelpunkt: der Mensch und das Leben an Bord sowie Schiffe und nochmals Schiffe. Dem Hafen Stralsund, in dessen unmittelbarer Nähe er mit seiner Stralsunder Frau Rosemarie seit 1994 in einem alten Klostergebäude lebt, hat er allein drei Bücher gewidmet.

Im Verband Europäischer Schifffahrtsjournalisten (VEUS), dessen zweiter Vorsitzender er ist, stärkt er die Belange der Schifffahrt gegenüber der Öffentlichkeit. Im Club der Tourismusjournalisten Berlin-Brandenburg (CTOUR) leitet er die maritime Runde. Im Förderverein GORCH FOCK (I) ist ihm die Erhaltung der historischen Bark, um deren Rückholung an den Sund er sich jahrelang starkmachte, immer ein Anliegen gewesen. Dies hat er auch in zahlreichen Artikeln und Vorträgen stets vehement vertreten.

Zukünftige Touristik-Manager führt er an der FH Stralsund in den Seetourismus ein.